Barnets visdom

Pernille Anthony Pedersen

Barnets visdom

En lille bog om børn, nærhed og frihed

Barnets visdom

1. udgave, 1. oplag 2008

Copyright © 2008 Pernille Anthony Pedersen og Living the Vision

Udgivet af Living the Vision

Tryk: Books on Demand GmbH, Norderstedt, Tyskland

ISBN 978-87-992689-0-0

www.barnetsvisdom.dk

*Denne bog er til alle verdens dejlige børn
og til det inderste i alle mennesker,
vores guddommelige kerne*

»Tro mig når jeg siger det,
alle jer,
der ikke tror på kærligheden,
I har glemt barnet i jer.

Barnet er Gud manifesteret,
det tror ikke, det v e d.

Find dette barn.
Gå ind i din sjæls gemakker
og find det rum, hvor barnet bor.
Denne dag er dagen, hvor smilet igen
glimter i dine øjne, og lyset vender.«

Ærkeenglen Gabriel

»Budskaber fra Ærkeenglene«
af Ilse B. Johannesen og Ulrika Åberg

Indhold

Forord 14

Indledning: Hej kære forældre 20

Maveliv 23

Fødslen 36

Lille og ny 41

Ud i verden 52

Børnehavealderen 60

Det indrestyrede barn 66

Mit humør – Jeres ansvar 72

Den grundlæggende uskyld 84

Forældreopgaven – den rene loppetjans 92

Søskende-idyl 99

Problembarnet – en gave fra Gud 103

Skolebarnet 109

Den harmoniske pubertet 116

Efterskrift: Visionen 120

Tak 128

Appendiks 1: Om forfatteren 131

Appendiks 2: Barnets ni tricks 134

Appendiks 3: Mere inspiration 136

»Der findes ikke noget mere fascinerende end at betragte et nyfødt barn. Hvis man er så heldig, at man fanger barnets fulde opmærksomhed, kan man opleve en hypnotisk og tidløs fornemmelse af selve livets visdom.

Dybden og nærværet i barnets øjne er både uendelig og transcendental. På underlig vis afspejler barnets øjne ikke et spædbarns bevidsthed, men snarere den guddommelige visdom eller bevidsthed, som er ophavet til altet.

I stedet for at betragte et barn føler man pludseligt, at man selv bliver betragtet af en kollektiv intelligens, der så let som ingenting gennemskuer enhver hemmelighed, man måtte forsøge at holde skjult.

På en og samme tid er barnets bevidsthed eller visdom langt større end vores egen, og alligevel er barnet dog spædt. Endnu før barnet er startet på livet, indeholder det allerede en visdom, som er større end alle verdens guruer tilsammen.

Når barnet engang er blevet voksent, er dets personlighed ofte mere et udtryk for tab end reel udvikling.«

Fra »Livets hormoner«
af Arvin Larsen

Forord

Denne bog er skrevet ud fra et hjerte, der banker for børnene. Det er mit håb og ønske, at bogen vil inspirere til at give de små mere af det, de har brug for.

Barnet repræsenterer vores kerne eller inderste væsen, uanset hvilken alder, vi har. At leve i harmoni med sit inderste væsen er at være sandt lykkelig og kernesund. Vi må altså i harmoni med det indre barn. Men vi må også i harmoni med de ydre børn, fordi de, mere end noget andet, repræsenterer et spejlbillede af vores sande forhold til det indre barn.

Børnene ved, hvad det vil sige at være naturlige, leve i en overflod af energi og virkelyst, og de er livsglade og sunde med mindre, vi lærer dem noget andet. Denne bog er en vejvisning i at lære af børnene, så vi i højere grad kan blive som dem og få del i deres paradis.

Hvad vil det så sige at blive som børnene? Det vil sige at blive tillidsfuld, åben, fordomsfri, stærk, accepterende, ærlig, fri, kærlig, blid, sorgløs, glad, ubekymret, let om hjertet, spontan, opfindsom, initiativrig, ivrig, energisk, legesyg og på udkig efter alt, der føles godt. Alt det koblet med den voksnes overblik, forståelse og indsigt er en enkel, men virksom opskrift på et lykkeligt liv.

For at finde alle disse kvaliteter frem i os selv kan vi have brug for at gøre et stykke følelsesmæssigt arbejde. Det mest effektive stykke følelsesmæssige arbejde, man kan foretage sig, er at genskabe forbindelsen til sin egen kerne. Vores kerne er uberørt af alle smertefulde oplevelser og ved igen at identificere sig med den, forsvinder alle sår som dug for solen. Det kan ikke lade sig gøre at være både lykkelig og trist på samme tid, så hver gang vi i nuet vælger samklang med vores inderste – ja, så er der ikke plads til andet end lykke.

Barnets Visdom beskriver en ideel opvækst for et barn. Som læser kan du lægge mærke til, om der er afsnit, der virker følelsesprovokerende på dig, positivt eller negativt. De afsnit har et særligt budskab til netop dig, og ved at tilegne dig de kvaliteter, som er fremherskende i afsnittet, vil du opleve dig selv blive mere hel.

Eksempelvis synes du måske, det føles provokerende og som for meget med al den omsorg, jeg taler om i afsnittet om fostret eller spædbarnet. Her kan du spørge dig selv, om du mon fik omsorg nok i den alder? Hvordan vil det føles at give dig selv al den omsorg, blidhed, indlevelse og al den rummelighed lige nu? Uanset hvad vi fik eller ikke fik som små, kan vi give os selv ALT lige nu.

Vi fortjener det alle sammen. Og vi kan give det til vores barn eller børn, velvidende, at det at give følelsesmæssige gaver til andre, er det samme som at give til sig selv.

Jeg tænker, at hvis vi moderne mennesker ønsker at starte en positiv spiral af udvikling for menneskeheden, så må vi starte med os selv og med børnene.

Hvis vi ønsker at se en verden med varige og lykkelige parforhold, så må vi give børnene en opvækst med fysisk og følelsesmæssig nærhed, glæde og kærlighed sammen med forældre, der tør elske hinanden.

Hvis vi ønsker at se mennesker tage mere følelsesmæssigt ansvar for hinanden og være kærligere og mere omsorgsfulde, så må vi give børnene mere kærlighed og omsorg, og vi må påtage os det fulde følelsesmæssige ansvar for dem som deres forældre.

Hvis vi ønsker at se en fredelig verden, må vi lære os selv og vores børn, at kun fredelige midler fører til fredelige løsninger.

Hvis vi ønsker at se en verden befolket af livsglade mennesker, der tror på sig selv og kender deres eget værd – ja, så må vi lære, hvordan vi bevarer disse medfødte kvaliteter i børnene.

Menneskets grundlæggende natur er livsglad og

kærlig. Vi behøver altså intet gøre for at udvikle disse egenskaber hos barnet, men vi behøver viden om, hvordan vi undgår at sløre og dække dem til med lag af tillært negativ tænkning og dårlig adfærd.

Er vi blevet voksne, og er vi kommet væk fra glæden og kærligheden til alt, som er, kan vi have brug for at vikle os ud af de tillærte negative overbevisninger og den medfølgende negative adfærd. Selv-udvikling er et godt ord til beskrivelse af denne proces, fordi det handler om at vikle sit selv ud, så det igen kan blive frit.

Barnets Visdom er en hyldest til menneskets sande og grundlæggende natur. Og en hukommelsesopfrisker til dem, der for en stund har glemt, hvor guddommelige de er indeni.

Denne bog vil kræve et vist mod af sin læser. Den vil kræve modet til at til at se sig selv i øjnene på en ny måde. De fleste af os føler os modige, når vi tør kigge på og erkende vores egne fejl og svagheder. Men som Marianne Williamson har udtrykt, så er det ikke vores mørke, der skræmmer os mest, det er erkendelsen af vores storhed. I de efterfølgende tekster vil du som læser gang på gang blive konfronteret med din egen storhed. Tør du se på dit eget lys?

Inderst inde ved du godt, hvor fuldkommen fantastisk, du er. Grunden til, at det for eksempel opleves ubehageligt at blive kritiseret af andre, er, at du mærker en splittelse indeni. Dit inderste er ikke enig i den måde at opleve dig på. Bliver du anerkendt eller talt pænt til, vil dit inderste selv være enig, og du vil opleve følelsesmæssigt velvære.

Barnets Visdom repræsenterer vores indre viden om det guddommelige, uspolerede, fuldstændig trygge, rene og fuldkomne, der bor i os alle. Og den kan tænkes at vække din længsel efter en dybere genforening med dig selv. I virkeligheden er det jo aldrig prinsen på den hvide hest, prinsessen eller kongeslottet, vi drømmer om og ønsker os mest. Når vi føler savn i vores tilværelse, så er det altid os selv, vi savner. Så husk, at det aldrig er for sent at træde ind på den vej, der vil føre dig hjem til dig selv. Det gælder også i forholdet til børnene. De bliver aldrig for gamle til at modtage noget af det, der virkelig betyder noget.

Det er det, denne bog handler om - det, der virkelig betyder noget. Den handler om de ønsker, der bor allerdybest i vore hjerter uanset hvilken alder, vi har.

Barnets Visdom beskriver en idealverden, sådan som jeg er i stand til at forestille mig den. Jeg kommer med mange praktiske, fysiske forslag, men det er ikke formen på tingene, der er hovedbudskabet. Det følelsesmæssige indhold i livet er altid vigtigere end, hvordan tingene ser ud.

Bogen er udformet som en meget omfattende ønskeseddel fra det ufødte barn. Som med alle ønskesedler er det ikke altid muligt – og heller ikke altid det bedste – at forsøge at imødekomme alle ønskerne. Det er mit håb, at læseren vil føle sig fri til at vælge og vrage blandt ønskerne og måske lade sig inspirere af nogle af dem. Hver gang vi er i stand til at imødekomme et sandt ønske fra barnet, vil livet bevise værdien af det. Det er erfaringerne, der tæller, og baner vej for virkelig forandring.

Kære læser, det er mit ønske for dig, at du med indsigterne fra Barnets Visdom vil tage dit barn, indre eller ydre, i hånden og lade det vise dig døren til Paradisets Have. Den dør, du måske ikke har set, men som alle dage har været åben for dig.

Holløse, maj 2008

Pernille Anthony Pedersen

Indledning:
Hej kære forældre

Kære, kære mine kommende forældre. I kender mig ikke endnu, men jeg kender jer. Eller rettere essensen af hvem I er. Det interesserer mig ikke hvilken uddannelse, I har eller ikke har, hvilket job I har eller ikke har, eller hvor præsentable I selv eller jeres venner er eller ikke er. Lige meget med det. Jeg kender jeres essens, og den er ligesom min.

I denne bog vil jeg fortælle jer en hel masse om mig selv, og hvad jeg ønsker mig i dette liv. Jeg har et hav af ønsker, men der løber en rød tråd igennem dem alle, som er ønsket om nærhed og frihed.

Da vores grundlæggende natur, altså vores essens, er den samme, er mine ønsker også jeres. Og det er sådan, at I igennem opfyldelsen af mine ønsker får opfyldt alle jeres. Og mere til.

Jeg er jeres kommende barn, og jeg er et vidunderligt, fuldkomment, glædesfyldt og kærligt væsen. Jeg er så perfekt, som man kan blive og mere til. Når jeg siger »og mere til«, så er det fordi, I på nuværende tidspunkt sandsynligvis ikke er i stand til at opfatte, hvor ufattelig fantastisk, jeg er. Så bare tag det roligt. I kommer tids nok til at forstå.

Om lidt vil vi sammen begive os ud på en rejse, som gradvist kan åbne jer mere og mere. Indtil I til sidst forstår Gud. Ikke som en mental forståelse, men som en erfaret forståelse. Hvad er vand? Ord kan ikke fyldestgørende beskrive fænomenet vand. Men oplevelsen af vand giver en fyldestgørende forståelse. På samme måde med mig.

Mine ord til jer vil undervejs i denne bog fungere som døråbnere for erfaret forståelse af, hvem jeg er – og I selv er.

Jeg kommer fra et vidunderligt sted. Dette sted vil altid være mit virkelige hjem, selv om jeg snart vil danne forbindelse til en lille fysisk krop i din mave, kære mor. Mit virkelige hjem er Paradis eller Gud eller Himmeriget for nu at bruge nogle af de navne, mennesker har fundet på. Alting er perfekt her. Fred, harmoni, fuldstændig tilfredshed og følelsen af hvile, glæde og kærlighed er nogle af jeres ord, som kommer tættest på. Et sådant hjem vil I aldrig kunne give mig. I kortere eller længere perioder jo, men ikke som en kontinuerlig oplevelse. Og det er fuldstændig i orden. Jeg kommer ikke ned til jer for at opleve en kopi af det, jeg kender. Uanset hvordan det hjem, I tilbyder mig, ser ud og uanset hvad det indeholder, så er det det helt rigtige udgangs-

punkt for vores rejse sammen gennem livet.
Jeg elsker og tilbeder jer præcis, som I er. Der er intet i vores udgangspunkt sammen, som jeg ønsker mig anderledes. I er præcis, som jeg ønsker mig det. Det er derfor, jeg har udvalgt mig netop jer til at være mine kommende forældre. Sammen ved jeg, at vi kan hente stjernerne ned.

Det er rejsen mod det paradisiske jordiske hjem, der betyder noget. Mod paradisiske jordiske forhold. At begynde denne rejse i stort og småt vil give os alle en opløftet og glædesfyldt sindsstemning. En vidunderlig følelse af meningsfyldthed.

Lad mig berolige jer. Det, som jeg er, kan ingen ødelægge eller tage fra mig. I behøver derfor ikke være bange for ikke at give mig nok eller ikke give mig det rigtige eller på anden vis ikke føle jer tilstrækkelige. Mit indre paradis vil alle mine dage stå uberørt af alt, hvad denne verden indeholder. Det eneste, der kan overgå mig, er, at jeg gennem uheldig læring fra jer kommer til at vende mig selv ryggen. Men uanset hvad, der sker, står det mig frit for senere i livet igen at vende ansigtet mod mig selv og det vidunderlige, som jeg er.

Maveliv

Så kan I godt rulle den røde løber ud. Et barn af Gud, mig, har besluttet sig for en snarlig ankomst.

Jeg er klar til mit jordiske liv, og nu venter jeg blot på det rette øjeblik til at gøre min entré. Eller rettere på det gode knald. Jeg venter på en stund, hvor du, mor, og du, far, elsker hinanden dybt og inderligt, virkelig favner hinanden med åbne, bløde hjerter og lader denne dybe hengivenhed for hinanden finde en ydre bekræftelse gennem fysisk elskov.

Uhh, sikke en velkomst til det jordiske liv. Der findes ikke nogen bedre måde at blive undfanget på end gennem sex og kærlighed i samme cocktail. Det er, som om I gennem denne forbindelse med hinanden åbner en portal af lys, der forbinder det himmelske med det jordiske. En portal, som jeg let og ubesværet kan flyde igennem.

Jeg elsker, når I begge har et erkendt og helhjertet ønske om at undfange et barn. Så føler jeg mig så ønsket og velkommen, som om den glædesportal, I skaber sammen, også er en velkomstfest for mig. Os tre i et vidunderligt brag af lys, lyst og glæde. Far, mor og barn fysisk sammen for allerførste gang.

Hvis I er meget bevidste og tilstede i jeres elskov, er det muligt for jer at se, mærke eller på anden måde opleve den lysforstærkning, det er, at jeg slutter mig til jer. Og får I en oplevelse af ekstra lys, ekstra energi eller ekstra meget kærlighed i forhold til andre gange, I har elsket med hinanden så sig endelig »velkommen lille skat«, for jeg elsker at blive set og genkendt. Sig det endelig også når I ikke er helt sikre på at have undfanget. Jeg er jo tæt på jer, i jeres felt med andre ord. Og jeg elsker, at I snakker med mig.

Undfangelsen er mit første møde med fysisk liv og giver den første og dermed dybeste prægning af min kropsbevidsthed. Jeg kan selvfølgelig vælge at blive undfanget på utallige andre måder, og uanset hvilken måde jeg måtte vælge så vid, at jeg har mine helt personlige grunde til det. Der findes ikke nogen »dårlige« måder, men afgjort måder, der føles og opleves bedre end andre. Mit liv vil ligesom jeres liv blive en erfaringsrejse, hvor jeg gennem mødet med oplevelser, der føles skidt, lærer en hel masse om, hvad jeg godt kan lide. Senere i mit liv kan I støtte mig i at gå efter alt det, der føles godt i mig og så vil enhver ubehagelig oplevelse fra fortiden blive som et springbræt for mig til et endnu dejligere liv.

~ ☼ ~

Jo mere I elsker hinanden, kære forældre, jo nemmere er det for mig at finde harmoni i den lille krop, der dannes nu. Det er byggesten fra jer to, der bliver svejset sammen, og når I er fulde af kærlighed til hinanden, så føles det i mig som om, disse byggesten passer sammen. Min krop er et lille kreativt mirakel. Et billede på den perfekte kommunikation og det perfekte samarbejde. Alle celler ved selv, hvad de skal, alle celler finder deres helt unikke plads og udfolder hver deres helt unikke funktion.

Ind imellem er jeg der og nyder den omfangsrige organisation, der finder sted, og mærker alt der sker i dig, mor, og en hel del fra dine omgivelser. En stor del af tiden er jeg hjemme. Hjemme i Paradis, det store formløse og ubegrænsede, som lidt endnu vil være det, jeg kender mest som »mit hjem«.

Vil du være så sød ikke at blive urolig for mig, når jeg er »hjemme«, mor, og venligst ikke forstyrre mig? Min krop vil på disse tidspunkter være helt i ro. Er jeg blevet så stor, at du fysisk kan mærke min tilstedeværelse, skal jeg nok give dig nogle gode spark, når jeg oplivet og forfrisket vender tilbage til dig. Ind imellem har jeg brug for at være væk en hel dag af gangen, og skulle du nu alligevel blive urolig, kan du altid hviske til mig, om jeg ikke lige vil give dig et lille livstegn.

Ahhh, dette maveliv er pragtfuldt. Mad til tiden, perfekt temperatur og god udfoldelsesplads. Livet i livmoderen. Ja, det ligner jo lidt det, jeg kommer fra. Man skulle tro, jeg ikke kunne ønske mig mere. Men ork jo, nu skal du få min ønskeliste mor. De tre vigtigste punkter tager vi nu.

Punkt 1: Tag hensyn til dig selv først, mor.

Punkt 2: Tag hensyn til dig selv først, mor.

Punkt 3: Tag hensyn til dig selv først, mor!

Nå, spøg til side. Jeg tror, du har forstået, hvad jeg mener. Jeg har virkelig, virkelig brug for, at du er god ved dig selv. Jo bedre, du har det, jo bedre har jeg det. Så enkelt kan det siges.

Så nu skal du høre vores plan. De næste ni måneder holder du luksusferie. Fortæl far, at det er hans job at skaffe penge til mad og tag over hovedet, mens du sover længe efter behov, går dejlige ture i natur og frisk luft, spiser den mad, du bedst kan lide, hygger dig sammen med de mennesker, der giver dig de mest positive følelser, og på alle måder gør alt det, der glæder og fornøjer dig, og kun det. Du må gerne arbejde, såfremt dit arbejde giver dig følelser af velvære og glæde. Vi to er på en vigtig mission, forstår du. Jeg er ved at danne fundamentet for mit liv, og dine glade, positive tanker og følelser sender en masse god kemi gennem navlestrengen til mig. Vibrationerne fra dine positive, livsbekræftende tanker matcher de vibrationer, jeg kommer med. Jeg er nemlig udstyret med noget, vi kunne kalde kerneoverbevisninger. Det er oprindelige tankeformer, som altid er i sindet og aldrig kan slettes fra sindet, og de kommer her:

Kerneoverbevisning nummer 1: Jeg er fuldkommen.

Kerneoverbevisning nummer 2: Livet er godt.

Kerneoverbevisning nummer 3: Jeg er eksperten i mit liv.

Kerneoverbevisning nummer 4: Jeg er ligeværdig med alle andre mennesker.

Hvordan skulle man næsten kunne tænke anderledes eller opfatte anderledes, når man kommer direkte fra Paradis? Nej, vel?

Vidunderligt er det, mor, når dine tanker matcher det, jeg tror på. Så føler jeg mig tryg og bekræftet. Man kan sige, at den lille byggeplads, som er min fysiske krop lige nu, så bliver badet i velvære og harmoni. Og så kan byggeriet næsten kun blive fantastisk.

Kære far, det samme gælder i forholdet til dig. Jeg opfatter din sindsstemning. Udover at sørge for mors tryghed og velvære vil det være godt, om du gør alt, hvad du kan, for at være glad. Forkæl dig selv og gør ting, der giver dig glæde og fornøjelse. Vær ustresset og tillidsfuld. Tag imod hjælp fra dine omgivelser så du ikke bliver overbebyrdet. I min næste bog til jer – som kommer, når I har vænnet jer til tanken om, hvor meget mor skal forkæles – vil jeg fortælle, hvor godt det er, om både du og mor får alle muligheder for en ubekymret tilværelse, så længe jeg er i maven og i mine første leveår. Det skal være en bog til jeres venner, naboer og familie.

~ ☼ ~

Du bliver så følsom, mor, af at have mig i maven. Det er vibrationerne fra min åbenhed og forsvarsløshed, der påvirker dig til at blive mere åben og forsvarsløs. Det kan være provokerende for dig at blive så følelsesbetonet, hvis du ikke er vant til det. Prøv at huske på, at denne tilstand er sundere for dig end den, du er vant til, og den vil tiltrække mere godt i dit liv, end du er vant til. Hvis du vil, kan du lære at beholde denne fine følsomhed. Den vil være din så længe, jeg er i din mave og også de første måneder efter fødslen. Derefter skal du til at vælge den bevidst.

Dig og mig, mor, vi er i fortsat og konstant kommunikation. Jo mere du lever den, du er, jo nemmere er det for dig at forstå mine budskaber til dig. Når du er den, du virkelig er, vil du føle dig let om hjertet, opstemt, veltilpas, fredfyldt, glad og kærlig. Jo tættere du er på dig selv, jo nemmere vil det være for dig at være gravid. En nem målestok er graden af den kvalme, du føler de første måneder med mig i maven. Kvalmen repræsenterer den indre konflikt, der er i dig mellem den, du virkelig er, og den, du har lært at være. Eller med andre ord konflikt mellem det, jeg repræsenterer, og det, du lige nu tror på.

Men bliv nu ikke ked af det hvis du oplever meget kvalme. Jo mere kvalme, des større berigelse vil det være for dig at lære mig at kende og følge mig. Du kan lindre på kvalmen ved at være stille med dig selv og lytte efter dine inderste behov. Det kan være så enkelt som at hvile dig, når du har brug for det, spise den mad, du føler for, og sørge for at holde afstand til andres konflikter. Også dem i fjernsynet. Nu vi er ved fjernsynet – kunne du og far ikke være så søde at kyle det ud med det samme? Det har vi ikke meget at bruge til. Jeg vil være rigelig underholdning for jer de næste mange år. Og derefter vil I, hvis I har lært godt af mig, være så rige indeni, at I slet ikke vil have behov for ydre underholdning.

Jo, jeg kan ligeså godt tilstå. Jeg er kommet her som din og fars Lærer. Jeg har fuldstændigt styr på, hvordan man lever et godt og lykkebringende liv her på jorden. Alt, jeg har brug for fra jer, er jeres omsorg og kærlighed, så viser jeg vej for resten.

~ ☼ ~

Der er en grund til, at mors mave ikke er udstyret med et lille vindue, så I kan se mig og følge med i min fysiske udvikling. Det er fordi, I har brug for at udvikle jeres evne til at sanse og fornemme mig og mine signaler til jer gennem indre lytten. Når I bruger øjnene for meget og tillægger øjnenes budskaber for stor værdi, går I glip af vigtig information.

Den lukkede, hemmelighedsfulde mave er også en træning i at elske ubetinget. I ved ikke, hvordan jeg ser ud, og om jeg udvikler mig efter normen, men ved at overgive jer til ubetinget accept og kærlighed, giver I mig de allerbedste betingelser for, at alt går vel. Den træning får I senere brug for. Når vi små børn er kommet ud af maven, er vi på mange måder stadig meget ufærdige og har brug for vores forældres ubetingede kærlighed og tillid til, at alt går vel. Tro på mig, tro på mine evner, mine muligheder og min fremtid, og jeg vil hen af vejen vise jer, at jeres tillid ikke var ubegrundet.

Med andre ord, så lad være med at scanne maven med mindre, I har en fantastisk god grund til det. Jeg kan ikke lide det, det forstyrrer mig, og I har ikke gavn af det.

Jeg kan lide, at I snakker meget med mig, fortæller mig, hvor meget I glæder jer til at lære mig at kende, og at I vil elske mig præcis, som jeg er. I må gerne sige, jeg er dejlig og vidunderlig 1000 gange hver dag. Jeg bliver aldrig træt af bekræftelsen. Og endnu bedre, hvis I siger ordene sammen med følelser af taknemmelighed og glæde over, at jeg har valgt at komme ned til jer. Det er en bekræftelse af mine følelser af taknemmelighed over at komme ned til jer to kære, kære sjæle, som jeg har endnu dybere bånd til, end I måske kan forstille jer. Bånd, der går tilbage fra før, tiden blev til. Jeg har elsket jer altid.

Jeg kan også lide, at I fortæller mig om livet på jorden. Kun alt det gode selvfølgelig. Fortæl mig, at det er meningen, at jeg skal have det godt. At jeg er et værdifuldt lille individ, som fortjener at have det nemt, rart og godt. At jeg er et værdifuldt bidrag til helheden, og at jeg med min lille personlighed føjer noget unikt til eksistensen, som ikke kan erstattes af noget andet.

Fortæl mig, at jeg er ønsket, og at I vil gøre, hvad I kan for at give mig de bedste rammer til at folde al min herlighed ud.

Fortæl mig, at jeg er elsket og velkommen uanset hvilket køn, jeg har. Og mén det! Hvis én af jer eller I begge har et ønske om enten en dreng eller pige, så vil det være rigtig godt for mig, hvis I erkender ønsket men vender og drejer det indtil, begge muligheder er i orden for jer.

Jeg vil love jer en ting: Jeg kommer med det mest passende og helt rigtige køn – for mig og for vores lille familie. Også hvis jeg bliver født som pige nummer fem!

Syng for mig og spil harmonisk, blid musik for mig, mens jeg ligger i maven. Når jeg kommer ud, vil I næsten altid kunne trøste og berolige mig ved at synge de samme sange og spille den samme musik igen.

Jeg kan lide at blive kærtegnet. Måske I kunne ae og nusse mine fødder, når jeg bliver stor nok til at stikke dem frem gennem maveskindet? Ae mit hoved og min bagdel gennem maven – og mine arme. Disse første følelser og sensationer af bevidst fysisk kontakt er meget vidunderlige for mig, og tro mig, far – mor elsker også, når du viser hendes voksende mave stor, nysgerrig og levende interesse.

Ved du, far, at jeg knytter bånd til dig allerede nu? Det kan se ud for jer som om, det hele er noget, der foregår indeni mor, men du er så vigtig, så vigtig. Fordi min krop også bliver dannet af byggesten fra dig, kender jeg dig indefra. Din bevidsthed er kodet i dine celler og bliver nu mit bevidsthedsmæssige startgrundlag.

    Med din omsorg og kærlighed giver du mor og mig den tryghed, vi har brug for. Med dit liv og din krop bygger du rede til mor og mig. Med sit liv og sin krop bygger mor rede til mig. Og mig, ja jeg bygger jo også. Og derudover sørger jeg for glad og ubekymret feststemning. Jeg kan ligesom ikke andet. Det er jo det, jeg er.

~ ☼ ~

Tænk gode tanker, mor. Allerflest om dig selv for det er det, du bliver i allerbedst humør af. Og jeg elsker, når du er glad. Jeg ønsker, at du skal få øje på alle dine bedste sider og rose og anerkende dig selv for at være så fantastisk, som du er. Det er det eneste, du skal få øje på.

Det er jo sådan, at alt, hvad du fokuserer din opmærksomhed på, får energi og vokser. Så glem alt det med de dårlige sider. De er ikke værd at gøde. Men gød og vand og elsk alt det der er godt ved dig, og der bliver mere og mere, og du bliver gladere og gladere.

Se også alle fars gode sider. Det gør dig godt, mor, at anerkende hvilken pragtfuld mand, der skal være far til dit barn – og fortælle ham om det. Sig tak til ham for al hans omsorg og opmærksomhed. Gød og vand de gode sider i din mand og se, hvor han trives. Alt det, der ikke bliver gødet og vandet gennem din opmærksomhed, visner væk helt af sig selv.

Og far. Samme besked til dig. Fortæl mor, hvor dejlig hun ser ud med sin voksende mave, hvor meget det klæder hende at vokse ind i morrollen. Fortæl hende, hvor godt, du synes, hun klarer det hele, al omstillingen, og hvor godt hendes krop klarer den store opgave, det er at gro et barn. Fortæl hende om al din ubetingede kærlighed og hvor meget, du nyder at tage dig lidt ekstra af hende. Fortæl, at du elsker at hente lakridser til hende midt om natten, når hun ved, at hun ikke kan klare et minut længere uden. Og se og anerkend alle dine egne dejlige, vidunderlige og fantastiske sider. Det er et meget heldigt barn, der skal have dig som far. Og det ved det.

Jeg skal fortælle jer en hemmelighed – utroligt at den er forblevet så velbevaret gennem tiden: Alle mennesker elsker hinanden altid. Jeg siger det lige igen: ALLE MENNESKER ELSKER HINANDEN ALTID. Sådan har det altid været, og sådan vil det altid forblive.

Så søde mor og kære far, når I indimellem bliver sure på hinanden og ind imellem tvivler på hinanden, så sæt jer ned sammen eller hver for sig, træk vejret dybt, mens I husker på denne elementære sandhed.

Når I tror, at der er noget, som ikke kan elskes, så handler det altid om fordømmelse og mangel på forståelse. Hav modet til at se på det, I fordømmer, og hav modet til at lede efter forståelsen, så vil alle skygger vige til sidst, og kun kærligheden vil stå tilbage, ren, strålende og uberørt.

Tiden nærmer sig nu. Pladsen herinde er blevet trang. Det er med vemod, at jeg siger farvel til min maveverden, men jeg er også fyldt med forventning og glæde ved tanken om at skulle ud til jer. Ud til verden som et selvstændigt, lille individ.

Overgangen minder mig om undfangelsen. Den gang var det også et vemodigt farvel til Fuldkommenhed og goddag til en verden med begivenheder og kontraster. Men overgangen blev gjort blid af det beskyttede miljø i maven. I maven fik jeg tid og ro til at vænne mig til mit nye liv. Det får jeg også brug for på den anden side af maven – tid og ro. Men mere om det senere. Først skal vi snakke om fødslen.

Fødslen

Fødslen repræsenterer mit livs første fysiske anstrengelse og mit allerførste møde med verden udenfor livmoderen. Jeg ønsker at få et godt indtryk af verden og af det at være et fysisk væsen. Førstehåndsindtrykket er som bekendt vigtigt og ikke helt let at ryste af sig.

Den ideelle fødsel for mig, mor – er den ideelle fødsel for dig. Det vigtigste er, at du føler dig så tryg som muligt, så jeg vil blot give dig lidt inspiration med de følgende ord.

Kærlig, nænsom og effektiv hjælp ved din side. Selvfølgelig far. Hvis du kan være der, far, til at massere mor over lænden eller andre steder, hvor hun føler behov, holde hende i hånden, trække vejret sammen med hende, lægge kolde omslag på hendes pande, hviske opmuntrende og beroligende ord i hendes øre, så er det såre godt. Og tage det som en mand, hvis hun skælder dig ud det ene øjeblik og vil have din hjælp det næste.

Det vil være godt, om du indstiller dig på, at det er enhver kvindes ret at opføre sig fuldstændigt egoistisk, krævende og urimeligt i de timer, fødslen står på.

Et stort kar med varmt vand er dejligt for de fleste til at afspænde kroppen under livmoderens udvidelsesfase, nogle har også gavn af at føde under vand. Et varmt brusebad kan være godt, hjemlig og hyggelig atmosfære, smukke velduftende blomster, drikke og mad, du kan lide, ved hånden, beroligende og afspændende musik. En god veninde, der selv har født og kan være ustresset og støttende under forløbet. Mulighed for smertelindring undervejs, for eksempel zoneterapi, akupunktur, hypnose, homøopati eller konventionel medicin.

Skriv din ønskeliste, mor, uden smålige forbehold og giv den til far og universet og hvem, du ellers synes, skal vide besked.

Jeg ønsker mig så blid og naturlig en fødsel som muligt. Det kunne være dejligt, hvis det var dig, far, eller dig selv, mor, som tog imod mig, når jeg kommer ud. Der skal være så dæmpet belysning i rummet som muligt, for mine øjne er ikke vant til andet. Og jeg ønsker at komme op mellem dine bryster, mor, så hurtigt som muligt.

Når jeg er kommet ud, vil det være rigtig godt, om du eller far lægger en hånd på min pande et par minutter eller længere, lige indtil min krop slapper af. Der sidder to punkter, som vil hjælpe mig til at afstresse fødselsoplevelsen. Læg også en hånd på mors pande for at afstresse hendes oplevelse. Og hvad med dig, far, er du også lidt overvældet, fortumlet og ovenud lykkelig og lettet på samme tid? Hånden på panden, det hjælper. Det er et fint og virksomt lille trick, som kan benyttes i alle situationer, der vækker stress.

Når Navlestrengen skal klippes, må I gerne snakke beroligende med mig og lægge en hånd på min pande igen, for det er en stærk oplevelse for mig at blive fysisk adskilt fra mor. Vent til jeg har tømt den for næring, så jeg får en lille madpakke med mig. De næste par dage har jeg brug for alle depoter, for det varer lidt, før mor producerer tilstrækkelig mælk.

Det har været en krævende oplevelse for os begge at føde, og nu har jeg allermest brug for at sove mellem dine bare bryster. Og hurtigst muligt få en brystvorte i eller tæt på munden. Når jeg har hvilet nogle timer og måske suttet lidt, er det ok at blive vasket nænsomt. Vil du gøre det, far? Jeg kender oplevelsen af dig og mor fra mavetiden, min krops cellebevidsthed genkender jer, og jeg genkender jeres stemmer, så det føles meget, meget tryggere, at det er jeres hænder, der rører ved min krop.

Det er så nyt og overvældende at få fysisk berøring. At mærke luft og ikke vand mod huden og at få luft i lungerne for første gang. Giv mig så få ekstra sanseindtryk som muligt.
 Lad undersøgelse, måling og vejning vente så

længe som muligt. Allerhelst til næste dag.

Lad mig ligge hos dig, mor, hele tiden, helst hud mod hud. Jeg vil ikke aes endnu, bare holdes helt tæt. Dag og nat. Jeg vil ligge mod dit hjerte og høre den beroligende velkendte lyd, der fortæller mig, at jeg ikke har mistet mit hjem, men blot har udvidet det. Jeg vil lære din duft at kende. Jeg vil, at min krop får alle de bedste betingelser for at blive helt blød og afslappet igen efter mit livs allerførste fysiske strabadser. Jeg ønsker det samme for dig, mor. At du må få ro og plads til at hvile, nænsom massage efter behov, indtil din krop og dit sind er afspændt igen.

Og et lille hint til jer på mange måder så kloge jordboere. Hvis I ønsker bedre fødsler, gladere babyer, mindre kolik og lavere spædbarnsdødelighed, så forsk ikke mere i tekniske løsninger og apparater.

Forsk i kærlighed. Det er det, vi har brug for, os små, der lige er kommet til verden. Uanset om vi er ankommet for tidligt eller til tiden eller er syge eller raske. Det er kærlighed, vi vil have, og kærlighed, der afgør, om vi har lyst til at være her eller ej.

Indret jeres tekniske hjælpemidler, så de tjener kærligheden. Lad de små for tidligt fødte og de syge komme til at ligge varmt og beskyttet hos deres mor. Kuvøsen kan bruges i absolutte nødstilfælde og da med dæmpet belysning, blødt underlag og optaget hjertelyd som det eneste hørbare. Alt, der kan gøres for at give den lille ny så meget tryghed, nærhed og kærlighed som muligt, vil være af uendelig værdi.

Når du føder, mor, skal du vide, at du under fødslen kommer i kontakt med meget, meget dybe lag i dit sind. Erindringer fra tidligere liv, fra din egen fødsel, din tidlige barndom og eventuelle seksuelle traumer ligger gemt i bækkenbundsområdet. Mange ubehagelige minder kan blive aktiveret og kan efter fødslen have brug for at blive bearbejdet. Alt dette ikke for at skræmme dig, men for at sige til dig, at det vil være fint, om du har gode trygge rammer efter fødslen til at komme ordentligt ovenpå. Også efter fødslen gælder det, at jo bedre du har det, jo bedre har jeg det.

Lille og ny

Fra mit maveliv er jeg vant til et blødt, varmt og behageligt liv. Jeg ønsker at bevare alt det gode, jeg kender og blot opleve, at min verden bliver større med gradvist flere oplevelser. Jeg skal nok fortælle jer, hvad jeg er klar til.

Dæmpet belysning, din varme hud mod min, mor, duften af dig, duften af mig, blødhed, ro, brystvorten i munden meget af tiden. Den skønne brystvorte, som jeg til min store fryd kan få til at sprøjte med den mest himmelske eliksir. Hvilken sansemæssig beruselse og fornøjelse. At ligge der i dine arme og blive fyldt med den dejligste mælk når jeg vil det, og lige til jeg ikke vil det mere.

Jeg opdager, at jeg selv kan give besked, og det er en kæmpe tilfredsstillelse at blive hørt, forstået og besvaret. Vores samspil, mor. Som dag for dag bliver mere og mere forfinet. Jeg giver lyd til mine behov. Du opfylder mine mindste ønsker. De er enkle. Jeg ønsker at være mæt, varm og tør, og jeg ønsker at mærke din og fars kærlighed. Jeres omsorg, jeres lytten, jeres kærlighed, jeres blide kys og kærtegn.

Den første tid har jeg mest brug for at vænne mig til at være udenfor maven. I kan hele tiden følge mig ved at lytte til graden af min tilfredshed. Hvis jeg er et af disse børn, der den første tid er meget grædende, så vid, at det har jeg brug for. Der er ikke noget som helst galt med jer, og min kærlighed til jer er uendelig. Jeg er sikkert blevet meget forskrækket over fødslen. Den har måske været langvarig, måske er jeg blevet trykket og mast undervejs. Måske har du været meget bange, mor, og så har jeg mærket dine frygthormoner oveni mine egne. Måske føler du dig stadig bange og forskrækket, og så mærker jeg din anspændelse oveni min egen.

Der er sandsynligvis en masse indre spænding, som jeg har brug for at frigøre gennem gråd, raseri og dyb frustration. Når jeg græder – og det ikke er fordi, jeg trænger til at bøvse, sove, få mad eller få skiftet ble – så har jeg blot brug for at blive holdt helt tæt. Ømt og med tillid til, at jeg nok skal finde min balance igen. Og med tillid til, at jeg gør det allerbedste for mig selv gennem min gråd.

Det kan måske være en idé med et kiropraktorbesøg eller en tur hos zoneterapeuten. De har nogle gode metoder til at hjælpe krop og sind hurtigere tilbage til balance. I må mærke efter, om tanken føles opløftende eller ej. Som hovedregel skal der ikke ske for meget i mine første måneder, og jeg skal ikke i alt for mange fremmede hænder. Og som hovedregel har I med jeres omsorg, nænsomhed og kærlighed alt, hvad jeg skal bruge for at komme til hægterne igen.

Spil musikken og syng sangene fra min livmodertid for mig igen. Det vil være som at høre toner hjemmefra. Det vil være en uendelig velsignet, vidunderlig og beroligende oplevelse at genkende tonerne. Jeg husker med det samme blødheden, trygheden og forbundetheden fra dengang og synker med stor sandsynlighed ned i en dyb tilfredshed og ro. I kan også prøve at afspille optaget hjertelyd for mig. Meget gerne hjertelyd, der er optaget, så det lyder på samme måde, som et barn hører det indefra maven.

Jeg ønsker at være helt tæt på dig, mor, dag og nat. Jeg er jo vant til at være helt tæt på dig, så sov med mig og bær mig i en slynge om dagen. Jeg kender din krops særlige måde at bevæge sig på fra mavelivet, og jeg nyder at genkende de vuggende bevægelser, når jeg nu hænger på din ryg, mave eller hofte. Jeg kan sikkert godt lide at være rigtig meget nøgen, allerhelst mod din bare hud. Men er jeg urolig og grædende, kan det nogle gange hjælpe mig at blive pakket en smule stramt ind i et tæppe eller en dyne. Det minder mig om min sidste tid i maven.

~ ☼ ~

Gradvist kommer jeg mere og mere til stede.

Jeg begynder at opfatte gennem mine øjne, de begynder at kunne håndtere dagslyset, og det er en stor oplevelse at sanse jer to elskede forældre gennem min synssans. Det giver mig en ekstra dimension på den helt enorme kærlighed, jeg føler over for jer. Når jeg ser på jer, er I de to smukkeste væsener, jeg kan forestille mig. Mine øjne fortæller mig og jer om den ufattelige kærlighed, jeg nærer til jer. Spejl den for mig. Giv jer selv lov til at synes, at jeg er den smukkeste lille baby i hele verden. Spørg jeres hjerter og de vil synge til jer, at sådan er det. Aldrig set smukkere, aldrig set sødere, aldrig er der set et mere fuldkomment udtryk for Gud. Stol på jeres hjerters følelse og tillad jer at svømme over og flyde med i genkendelsen af det absolut guddommelige.

Nyd mig med alle jeres sanser. Inhaler den vidunderlige duft af baby, som vil være min, så længe jeg kun får mælk fra mor. Kærtegn min bløde hud. Nyd følelsen af min bløde hud mod jeres. Bevæg min krop, blidt og forsigtigt. Det er vidunderligt at blive rørt og trukket forsigtigt i, da jeg jo endnu ikke selv er i stand til det. Det hjælper min lille krop til at frigøre følelsesmæssig spænding og til at blive så blød og afspændt, som jeg var dengang i maven.

Lad mig nyde at blive holdt om i vand. Endnu bedre er det, hvis I kan gå i et dejligt kropsvarmt badekar sammen med mig. At flyde i vand, slappe af i vand, lytte til mavemusikken og måske endda tage en lille lur i vand, mens I holder mig, er noget af det skønneste, jeg kan forestille mig. Det minder mig om mavetiden og fortæller mig, at jeg ikke har mistet alt det skønne, jeg kommer fra, blot udvidet min verden. Ingen holder af at miste. Alle holder af at få mere af alt det, de synes er rart. Det er helt fint, hvis jeg græder efter en sådan vidunderlig vandoplevelse. Det er blot indre spænding, jeg giver slip på.

Når jeg har vænnet mig til at kende dig gennem øjnene, mor, må du gerne prøve at lægge mig lidt alene, men du skal være inden for synsvidde. Jeg vil kalde på dig gennem din indre følelse. Du skal føles glad og let indeni og ved det mindste lille savn af mig, skal du komme hurtigt hen til mig igen, så vores kroppe igen er sammen. Hvis du ikke opfatter min besked, lover jeg at græde, så du hører mig.

Alle de problemer, I synes at have her på planeten Jorden, kan tilskrives oplevelsen af adskillelse. Der, hvor jeg kommer fra, er alt ét. Alt er forbundet i den fineste og letteste og gladeste samhørighed. Sådan er det også i kroppen, som er en slags miniature-udgave af kosmos. Leveren og nyrerne er i samhørighed med hinanden og resten af kroppens dele. Ingen kan klare sig uden hinanden, ingen har behov for at være uden hinanden. Og på samme måde er det i et lidt større perspektiv på Jorden; planter, dyr og mennesker er indbyrdes forbundne og afhængige af hinandens velbefindende.

Kære mor, lad mig bevare min samhørighedsfølelse. Når jeg er tryg nok ved denne verden, vil jeg selv give slip på behovet for din fysiske nærhed. Jeg vil give dig besked. Når valget får lov at være mit, bevæger jeg mig ud i verden med min indre samhørighedsfølelse intakt. Og som følge af det vil mit helbred være perfekt, og mit sind vil være let og klart.

Jeg vil gerne ammes når som helst og hvor som helst, jeg måtte få impulsen. Men er du af en eller anden grund ikke i stand til at give mig dette, så giv mig erstatning for mælken med den samme ømhed og kærlighed, du ellers ville have givet mig – og vær sorgløs, let og ubekymret indeni.

Din følelsesmæssige tilstedeværelse, din omsorg og din glæde er af langt større betydning for mig end nogen som helst fysiske faktorer. Ved du i øvrigt, at rigtig mange problemer med amningen går over helt af sig selv, når du tager præstationspresset af og giver dig selv lov til at hvile, hygge dig og nyde vores samvær?

Når jeg har nogle måneder på bagen og kan gå lidt længere på literen, må du gerne trappe vores natlige hyggespisestunder ned af hensyn til dig selv. Måske er du så heldig, at jeg hurtigt begynder at sove igennem af mig selv. Og måske er jeg et af disse børn, som skal lære, at natten er til at sove i. Igen vil du ved at lytte til din indre følelse mærke, hvordan du skal gribe processen an. Hvad giver den letteste følelse indeni dig? At give mig en lille tår eller sige: »Nej, nu er det mine behov, der er vigtigst!«.

Am mig hele mit første leveår som et minimum og fortsæt derefter så længe, vi finder glæde og behag ved det. Og bliv ikke overrasket, hvis vi synes, det er hyggeligt meget længe. Måske meget, meget længe!

Der er mange ting, du plejede at foretage dig, som du ikke kan komme til med et lille spædbarn. Bliv ikke ærgerlig. Du får din frihed tilbage bid for bid. Jeg håber og ønsker, at du vil gøre mig og vores samvær til det allervigtigste i dit liv. Jeg håber og ønsker, at du vil sidde rigtig meget i sofaen med mig og give dig god tid til at amme mig, pludre med mig, snakke med mig, lave sjov med mig og nyde mig og observere mig gennem alle dine sanser.

Prøv at mærke hvilken vidunderlig ro, du opnår indeni ved at sidde med mig. Prøv at mærke, hvor glad og let om hjertet, du bliver gennem stille, langsomt samvær med mig. Jeg udstråler og er total tillidsfuldhed, åbenhed, forsvarsløshed og glæde. Læg mærke til, hvordan min forsvarsløshed kalder på nænsomhed og omsorg. I nærværet af den, lægger du naturligt dit forsvar til side og bliver selv mere glad, åben og tillidsfuld. Måske får du lyst til at øve dig i at være uden forsvar i andre situationer og dermed inspirere dine omgivelser til at være mere nænsomme og omsorgsfulde over for dig?

Jeg ønsker, at du skal komme meget på banen nu, far. Mor vil være min primære tryghedskilde så længe, jeg får hendes mælk. Men jo mere du er der hos mig og for mig, jo hurtigere tager jeg dig til mig på en ligeså dyb og inderlig måde. Min kærlighed til dig er ligeså stor og altomfattende som den, jeg har til mor, men for at bevidstgøre den, har vi begge brug for din tilstedeværelse. Mor kender mig bedst, fordi hun har haft mig helt tæt på alle døgnets timer siden undfangelsen. Du kan lære mig at kende ligeså godt, men på en anden måde, end mor gør det.

Vi kommunikerer gennem vores følelseslegemer, kære mor og far. Jeg sanser og registrerer jeres følelser, og samtidig vil I fuldt ud være i stand til at registrere mine. Når I vil noget med mig, så kan I blot mærke efter, om I får en lettere eller tungere følelse indeni. Hvad kunne I tænke på at gøre for mig, som føles godt i jer? På den enkle måde kan I vide, om jeg for eksempel har brug for et bad, for I vil føle jer inspirerede til at give mig det. Det er altafgørende for jeres forståelse af mig, at I er afspændte, rolige og har god tid. I stress og jag kan I ikke mærke mig.

Kære far, jo mere du er tunet ind på dit eget følelsesliv, des mere vil du kunne høre mig. Hvordan har du det med dine følelser? Bliver du helt træt i betrækket, når jeg spørger? Mange mænd er – uanset om de indrømmer det overfor sig selv eller ej – trætte af, hvad I kunne finde på at kalde »følelsesfnidder«. Men bare rolig, jeg har gode nyheder til dig. Du skal nemlig ikke opleve følelser på samme måde som mor. Hun er en hun og har sikkert brug for at mærke meget og snakke meget (rigtig meget) om alt det, hun mærker. Hvis du kan lytte, har du givet hende alt, hun drømmer om. Bare lytte. Måske et enkelt uddybende spørgsmål i ny og næ. Så finder hun selv vej.

Du er en han og har sandsynligvis mest brug for at mærke din handlingsvej. Hvilken retning skal du bevæge dig i, hvilken vej giver dig den størst tænkelige glæde, hvad opløfter mest af alle de ting, du kunne tænke på at foretage dig? Inklusiv at slappe af.

Det gælder også i forhold til mig, men jeg vil foreslå, at du bevidst begynder at tænke meget positivt om det at bruge meget tid med dit barn. At du giver det værdi. For det har værdi. Uendelig stor værdi. Jeg er dit guld og ved at lære af mig, vil du kunne lære en måde at færdes i livet på, der vil give dig alt, hvad du drømmer om, let og ubesværet. Og jo, jeg mener også den røde sportsvogn, drømmehuset og drømmejobbet. Jeg kan lære dig at flyde på livets flod, afslappet, vågen, energifyldt og lykkelig. Eller måske endnu mere præcist: Lære dig at flyde med din egen indre energistrøm.

Jo mere tid du bruger sammen med mig, far, jo bedre bliver vores kommunikation. Jo mere tid du bruger, jo mere vil du kunne mærke, hvad der giver dig en opløftet og glad følelse indeni, når du er sammen med mig. Hvordan vi to skal bruge hinanden. Hvad er sjovt, hyggeligt, blødt, varmt og rart? En gåtur med mig i bæresele, en lille sludder, eller måske vi skulle tage et lille hvil sammen? Mig ovenpå din mave, hud mod hud? Jeg ønsker din tilstedeværelse og jævnlige doser af din fulde opmærksomhed. Jeg repræsenterer et helt univers, du og mor har mulighed for at lære at kende.

I starten kan du, far, have brug for at vælge vores samvær meget bevidst, senere vil du føle dig tiltrukket, draget og inspireret til tid med mig. Graden af tiltrækningskraften afhænger af, hvor dybt du har tilladt dig selv at mærke forbindelsen og kærligheden mellem os. Jo mere du er i stand til at overgive dig til nuet sammen med mig, jo mere vil du erfare, hvor godt tilpas du bliver af samværet med mig. Jeg er en energi- og humørkilde uden lige. Hvis dine antenner er stillet ind på mig, er du stillet ind på din egen essens. Og her bor glæden, lysten og kreativiteten.

Du vil erfare, at en time vel brugt med mig giver et kæmpe løft til resten af din dag. Ligesom god meditation, en stille fisketur, kærlighed og sex i samme cocktail og fornøjeligt samvær med gode venner kan gøre det. Og jeg er altid til din rådighed. Der er ikke noget, jeg ønsker mig mere i mine første leveår end at bruge masser af tid med dig og mor.

Al den kærlighed og opmærksomhed, du giver til mig, giver du samtidig til dig selv. Mærk selv efter. Ved at vise mig, at jeg er værd at bruge tid sammen med, lege med, værd at lytte til og værd at glæde, lærer du dig selv, at du er værdig til alt dette.

Dybt i dit sind ligger erindringen om, at vi er det samme. Jeg har endnu ikke gjort mig fortjent til at modtage. Jeg er værdig til at modtage, blot fordi jeg er. Levende og elskelig. Ved at give til mig lærer du dig selv, at du heller ikke behøver andet end at være til for at være værdig til at modtage alt godt i livet.

Ud i verden

Jeg har hørt om vuggestuer og dagpleje og siger allerhøfligst nej tak. Tanken bag er tænkt og ikke følt. Jeg er ikke klar, og jeg har ikke tid.

Når jeg kan krybe og kravle, vil jeg bevæge mig lidt væk fra jer og hurtigt vende tilbage igen. Det er en frydefuld fornøjelse at kunne tage væk og vende tilbage, og det giver mig en følelse af kontrol. Jeg går ud i verden, oplever at være væk og vender tilbage, når jeg enten kommer i tanke om jer, får en følelse af savn eller bliver lidt forskrækket over alt det nye.

Jeg afprøver hele tiden mine egne grænser, for det er sjovt at kunne mere og turde mere. Og jeg gør det på alle områder. Jeg eksperimenterer konstant med min krops formåen, og jeg giver aldrig op. Falder og fejler mine mål i en uendelighed og er sekundet efter i gang med at prøve igen. Jeg lærer med lynets hast.

Der er så uendelig meget at se, opleve og erfare for mig, at jeg har brug for stor følelsesmæssig tryghed. Den slags tryghed, der kun kommer med og gennem kærlighed.

Jeg er ikke i tvivl om, at de mennesker, der har som arbejde at passe de små børn, er varme, velmenende, indsigtsfulde og veluddannede.

Det er bare ikke det, jeg har brug for. Jeg har brug for kærlighed.

I snakker så meget om, hvor vigtigt det er at stimulere børn. Det passer ikke. Børn bliver stimuleret af blot at være til. Det betyder ikke, at vi skal overlades til os selv. På ingen måde. Vi har brug for masser af følelsesmæssig kontakt og opmærksomhed. Og vi har brug for god tid og ro omkring os, så vi i vores eget tempo kan bevæge os ud i verden.

Det er på den måde, at vi udvikler ægte selvstændighed. En selvstændighed, der udspringer af et indre ønske om at stå på egne ben. Et ønske, alle ville udvikle, hvis de fik den nødvendige tid og tryghed til det. Uselvstændighed og afhængighed føles ikke rart vel? Så vær ikke bange for, at jeg bliver hængende i hverken mors skørter eller fars bukser. Aldrig i livet. Livet kalder på mig, og der er så meget spændende, som bare venter på at blive opdaget af mig.

Så kære mor, forlad mig ikke. Den allerstørste gave, du kan give mig, for at jeg kan udvikle mig til et fysisk og psykisk robust lille væsen, er at tillade mig at være den, der forlader dig.

Engang imellem kan I godt lade mig passe af en kærlig bedsteforældre, jeg er tryg ved. For det er en anden snak. Forskellen er enkel. Jeg kan mærke, når jeg bliver elsket. Kærlighed er forskellen. Det vil være godt for mig at få lov til at udvikle et nært forhold til mine bedsteforældre – såfremt de også ønsker det. Ellers må I lige minde dem om hvor stor en gave og berigelse, jeg vil være i deres liv – og hvor stor en gave de er til mig med deres ro, kærlighed og rummelighed. De har mere tid og er mere opmærksomme på »de små ting« i livet end de fleste yngre. Alle de små ting, som set rigtigt i virkeligheden er de store... De ældre har ofte en evne til at værdsætte og nyde os små dybere – og det kan vi mærke.

Ved du, mor, at I kvinder har et omsorgsgen, I aldrig kan slippe af med? Men I kan følge det, ære det og tilfredsstille det og dermed få ro i jeres biologi. Når I accepterer jeres indre behov for at drage omsorg for jeres egen familie, slipper I for at lede efter surrogater i den ydre verden. Mange omsorgsjobs ville blive overflødige, hvis omsorgen fik sin rette plads og fylde i familierne. Der ville være færre fysisk og psykisk syge mennesker, færre, der oplevede en alderdom med svækkelser og færre, der blev født med handicaps.

Ved du, far, at I mænd også har et omsorgsgen, af nogle kaldet skaffedyrsgenet? Når I mænd på en praktisk måde tager hånd om jeres familie, mens der er små børn, så tilfredsstiller I jeres biologiske system. I oplever mening med tilværelsen, ægte maskulin stolthed, får mere og bedre sex med jeres koner, færre hjerteproblemer, og I lever længere. Det er vel ikke noget dårligt bytte for nogle få års indsats som ham, der sørger for, at al nærheden, omsorgen og kærligheden til de små får de helt rigtige og trygge rammer?

~ ☼ ~

Andre børn vil jeg gradvist vise mere og mere interesse for, men noget egentligt legebehov har jeg ikke i mine første leveår. Tag mig med hen, hvor jeg har mulighed for at møde børn, for eksempel i en legestue. Dér vil jeg tage kontakt med børn, når jeg føler mig tilskyndet til det. Og I vil vide, at jeg tager kontakten, fordi jeg har lyst til det og behov for det, ikke fordi, der ikke er andre at kommunikere med. Det er skønt at få lov til at vælge sin omgangskreds selv. Har I det ikke også sådan?

Jeg ønsker mig udfoldelsesplads. Jeg opdager til min store fornøjelse, at jeg kan få en idé og handle på den. Jeg ser måske noget spændende og er nu i stand til at bevæge mig mod genstanden og undersøge den. Det er meget vigtigt for mig at få lov til at følge disse første indre impulser til handling uden at blive bremset.

Med andre ord, så sørg for at jeres hi-fi-anlæg, porcelænet og andre genstande af værdi og med indbygget skrøbelighed er uden for rækkevidde. Så slipper I for at være nervøse og skulle sige nej hele tiden, og jeg slipper for at føle mig forkert, blot fordi min nysgerrighed og virketrang er stor.

Disse oplevelser af ønsker efterfulgt af handling og med et håndgribeligt resultat giver mig stor lyst til at være og virke i verden.

De første spor i min hjerne af bevidst handling dannes nu og vil være fundamentet for senere i livet at lande på den rette hylde. Jeg ved, hvad jeg synes er sjovt og spændende. Det er en fantastisk bekræftelse for mig, at I bakker mig op i at bevæge mig i den retning, jeg selv vælger. Jeg ved jo, at jeg er eksperten i mit eget liv – I husker nok, at det er min tredje kerneoverbevisning? Og når I med jeres ord og følelser siger, »ja, det er rigtigt lille skat, gør hvad du selv vil, og hvad du selv synes, er det rigtige for dig«, så føler jeg mig så uendelig velsignet forbundet med mig selv. Og med jer. Det er i den indre forbundethed, at jeg kan mærke livet, glæden og kærligheden.

I må gerne introducere mig til aktiviteter og ting, som I tror kunne være gode for mig, blot I lytter til mine signaler. Belast mig ikke med gentagne forsøg på at vække min interesse for noget, jeg afviser eller keder mig ved. På sigt underminerer det blot min selvfølelse. Og giv mig endelig lov til selv at få idéer. Det er hverken usundt eller farligt for mig at sidde stille og være stille. Jeg er blot i en tilstand af indre modtagelighed, hvor ny spændende kreativitet kan blive født.

Det er derimod usundt for mig at blive overstimuleret udefra. I starten vil jeg give jer signaler om min følelse af overbelastning og følelsen af at komme væk fra mig selv, men efter nogen tid vil jeg indstille mig på at være ude af kontakt med mit inderste.

Når jeg er forbundet med mit inderste, med Kilden, så er jeg i en tilstand af samhørighed med alt, som er. Med andre ord er jeg »hjemme«. At være i Paradis er at være forbundet med sit inderste. I den tilstand fungerer min krop optimalt – livsenergien flyder frit og uhindret. Jeg er i en tilstand af ingen modstand, som er det samme som totalt velvære.

Kære far og mor, dette er så vigtigt at forstå rigtigt. Ved I, at med totalt velvære og uhindret livsenergi, da er sygdom en umulighed? Jeg kan kun blive syg, hvis jeg lærer at blive syg. Og den slags unoder kan jeg kun lære af jer. Jeg ved, at I aldrig bevidst ville ønske at skade mig eller gøre noget som helst, der svækker mig. I ønsker kun alt det bedste for mig. Men I er nødt til at lære af mig, for at jeg ikke lærer af jer. I har lært unoderne, for I er født i en tid med langt mindre bevidsthed. Nu kan vi sammen lægge dem af os.

Hvis I ønsker at forebygge sygdom hos mig, så giv mig det rarest tænkelige liv på mine præmisser. Enkelt, ikke sandt? I kan ikke hærde mig til sundhed. Overbevisningen om, at man kan ruste sig til et godt liv ved at udholde lidt af det barske og ubehagelige, den holder heldigvis ikke til en nærmere undersøgelse. Hver gang jeg oplever noget ikke-rart, vil jeg bygge forsvar, særligt i mine første leveår. Dette forsvar fungerer som et slags panser, der af mange fejlagtigt bliver oplevet som styrke. Det ligner robusthed og styrke på overfladen, men det er blot et værn mod den utryghed, der er opstået indeni. Panseret hindrer min livsenergi i at flyde frit og uhindret og skaber på den måde sygdom i længden.

Derfor holder tanken bag vacciner heller ikke vand. Man kan ikke udsætte kroppen for en lille dosis af noget ubehageligt og så regne med, at den bliver sundere og stærkere af det. Det er en meget klogere og mere indsigtsfuld vej at værne om den sundhed, der allerede er min virkelighed.

Få nu ikke skyldfølelse, hvis jeg bliver syg. Ansvaret er jeres, men skyldige er I ikke. Jeg vil aldrig bebrejde jer, hvad I ubevidst og af uvidenhed lærer fra jer. Se disse ord som en gave til selv at lære, hvad sand helse er. Ved at lære af mig og min evne til at være i »flowet«, det vil sige at være i fri og uhindret skabende energi, kan I lære selv at blive stærkere og sundere.

Der findes intet i dette univers, der kan skade jer eller gøre jer syge udover jeres egen blokering af livsenergien. Først blokerer I jeres livsenergi, så bliver I syge eller ramt af en ulykke, og dernæst prøver I at finde årsagen udenfor jer selv.

I leder i kosten, blandt bakterier og mikrober, i mulige fysiske og kemiske belastninger. Syndebukken finder I her, men aldrig den egentlige årsag. Den egentlige årsag ligger gemt i jeres eget sind.

Yogier, åndeligt søgende og udøvere af meditation har gennem tiderne ofte beskrevet en tilstand af fuld harmoni. En tilstand, der nok var opnåelig, men krævede langvarig og målrettet indsats, samt stor udholdenhed og tålmodighed. Er det ikke dejligt at høre, at det ikke længere er nødvendigt at meditere et halvt liv for at leve i absolut lyksalighed? Jeg gør det jo. Jeg kan det jo. Det er nemt. Det er naturligt. Og I kan lære det af mig. Derudover er jeg verdens mest nuttede, overbærende og evigt tålmodige lærer. I behøver aldrig frygte at blive skældt ud eller frygte at dumpe klassen. Jeg er der for jer. Med mit liv og hele min sjæl, og jeg elsker, når I vil gå ad denne vej sammen med mig.

Børnehavealderen

Nej tænk, kom jeg virkelig til at sige det? Det er altså ikke sikkert, jeg kommer i nogen børnehavealder. Det kommer jo helt an på, hvem jeg er. Men I må da gerne introducere mig.

Sammen kan vi besøge nogle børnehaver. Vær søde at mærke efter indeni, om I selv ville synes om at tilbringe flere timer på stedet. I kan heller ikke lide for mange mennesker presset sammen på for lidt plads og alt for meget larm. Altså kort sagt, er der rart, venligt, indbydende, plads til leg og fysisk udfoldelse, og er der voksne med tid, varme og overskud? I så fald vil jeg sikkert gerne være der nogle få timer om dagen. Jeg er jo trods alt et barn, så en lang dag væk fra jer og hjemmet skal I helst ikke bede mig om. Lange arbejdsdage, er det i øvrigt ikke et opreklameret fænomen?

Hvis jeg skal i børnehave eller en anden form for pasning, så er det også vigtigt for mig, at den er så strukturløs som muligt eller har en struktur, som børnene kan vælge til eller fra efter behov.

Jeg ønsker plads og muligheder for at udfolde al den rigdom, jeg har i mit indre, og derfor er det vigtigt for mig ikke at blive afbrudt af stive rutiner. Jeg vil gerne have respekt for min leg.

Når jeg leger, vokser jeg. Når jeg leger, udvikler jeg mig. Når jeg leger, har jeg det sjovt og er glad for at være her. Min leg er mit arbejde.

Jeg vil gerne kunne spise, når jeg føler mig sulten og kun mad, jeg kan lide, i de mængder, jeg selv vælger. Også i børnehaven. Nogle dage og nogle perioder vil jeg måske vælge at leve af kærlighed og kildevand, mens jeg andre dage vil have en glubende appetit. Når jeg er glad, ivrig og optaget af mit liv, er alting i den skønneste orden, og I behøver ikke nære bekymring for, om jeg får mine ernæringsmæssige behov dækket. Giv mig et udvalg af fødevarer, som I kan stå inde for, at vælge mellem. Ligesom I selv, fortjener jeg det allerbedste, man kan få, så giv mig mad af høj kvalitet, dyrket på naturens præmisser, uden tilsætningsstoffer og altid med frisk frugt og grønt blandt valgmulighederne. Det er sandsynligt, at jeg vil elske frugt men være mere tilbageholdende med grøntsagerne. Dem vælger jeg til senere, så vær ikke urolige.

Vælg også meget gerne en børnehave, der ikke deler børnene op efter alder, så søskende kan være sammen. Hvis jeg skulle få en lillebror eller lillesøster en dag, så får jeg det bedste forhold til ham eller hende, hvis vi deler dagen med hinanden. Selvfølgelig først når hun eller han har fået et par år på bagen og kan undvære jer nogle timer.

Jeg vil også gerne sove eller hvile mig, når jeg

føler behov for det. Der bør altid være et roligt rum, jeg kan søge ind i, hvis jeg trænger til et hvil. Lige så længe eller lige så kort, som jeg har brug for.

Om aftenen vil jeg også helst gå i seng, når jeg er mæt af dagen, men her må I mærke jer frem i forhold til jeres behov. Jeg indrømmer, at jeg har en så glubende appetit på livet, at jeg kan have svært ved at stoppe dagen, før jeg dratter om. Det er fint for mig at slutte dagen på denne måde, hvis det passer med jer. Men får jeg lov at slutte dagen selv, er det nødvendigt, at jeg også får lov at vågne af mig selv.

Nu vi er ved emnet – er det ikke pragtfuldt at vågne blødt og langsomt, helt af sig selv? Det der med vækkeure, er det ikke også et opreklameret fænomen?

Jeg vil gerne sove sammen med jer. Det er så trygt og varmt og rart. Og jeg vil gerne blive ved med det i rigtig mange år. Hvad ligger der egentlig bag tanken om, at børn og voksne skal sove hver for sig? I kan sagtens elske med hinanden, mens jeg sover eller måske gøre det på helt andre tidspunkter.

Nå, men hvis I har behov for, at jeg skal sove for mig selv, så vil jeg gøre en lille indrømmelse: Jeg har allermest brug for at sove med jer, mens jeg endnu er for lille til selv at stå ud af min seng for at finde en trøstende og beroligende arm. Når jeg kan det, er det ikke længere et behov for mig at sove med jer, men mere noget, jeg synes er utrolig hyggeligt og dejligt. Helt ærligt, synes I ikke også det? Har I lagt mærke til, hvor godt børns hår dufter? I er velkomne til at falde i søvn med næsen i mit hår. Jeg deler gerne ud af min dejlighed. Rent faktisk elsker jeg at blive nydt, indsnuset og inhaleret. Hvad skulle grunden ellers være til min nuttethed?

Et lille barn som mig har fortsat brug for masser af kys og kram. I behøver ikke være bange for at være for meget eller give mig for meget berøring – blot lyt til mine signaler. Jeg er fuldt ud i stand til at sige til og fra.

Når I nyder at kysse, kramme og kærtegne mig eller bare være sammen med mig, vil I måske opleve noget, der ligner seksuelle fornemmelser. Bliv ikke forskrækkede. Disse fornemmelser handler på ingen måde om seksuel tiltrækning, men om en dyb cellebevidst genkendelse af, hvad det vil sige at have fri livsenergi i kroppen. Nyd jeres egne vågnende livgivende følelser uden skyld og skam, men overfør ikke jeres seksualitet på mig. Jeres seksualitet er voksen og alt for stor til, at jeg kan rumme den uden at tage skade. Jeg kan rumme min egen spirende kønsbevidsthed, og det er alt. Jeg vil udforske den del af livet sammen med jævnaldrene.

Fri livsenergi i kroppen. Mmmm – husker I følelsen fra dengang, I selv var børn? Boblende lyksalighed og dansende energi i alle kroppens celler. Som brusende champagne. Livsglæde uden grund. Eller rettere, livsglæde på grund af livet selv. Tilstanden kan I gradvist få tilbage, når I i højere grad vælger at ære jeres lystfølelse. At ære sin lystfølelse vil sige kun at handle, når det føles godt og løftende på energiniveauet i kroppen. Kærlighed og lyst i samme cocktail i alle områder af livet. Lær det igen ved at studere mig!

Giv mig meget gerne mulighed for at få et forhold til dyr og natur. Dyr er, ligesom helt små børn, fuldstændig sig selv, fuldstændig deres sande, guddommelige natur. At knytte kærlige, tætte bånd med et eller flere dyr vil fungere som en slags livline for mig, en forbindelse til min egen sande natur. Dyr foregiver aldrig; de er altid sig selv, ærligt og utilsløret. Sammen med dem falder jeg ind i mig selv, hjælpes til at huske og støttes i at bevare mig selv. Kender I selv til den afstressende og velgørende oplevelse, det er at sidde med for eksempel en spindende kat på skødet? Måske I skulle overveje selv at bruge lidt mere tid med dyr. Dyr kan være Lærere i Livskunst på samme måde som mig.

Guds grønne natur er en anden livline for mig. Uberørt natur helst, men al natur kan bruges, selv en lille kolonihave er bedre end ingenting. Rode i jorden, bygge med jord, lege med sten og grene og andre sjove fund, komme frø i jorden, spise direkte af jordens og planternes og træernes afgrøder, ja nærhed med natur på enhver tænkelig måde. Giv mig plads, tid og ro til at sanse den i mit tempo og på min måde. Næsten alle børn vil nyde godt af at være i naturen, når blot de er klædt på til det med tøj, der holder kroppen varm og tør og godt må blive snavset. Naturen har en vibration, der matcher en menneskekrop i balance. Det er derfor, de fleste mennesker oplever at få øget deres velvære ved at bruge tid i naturen.

Det indrestyrede barn

Af natur er jeg helt og aldeles indrestyret. Jo mere jeg får lov at beholde af min egen indre styring og autoritet, jo lykkeligere bliver mit liv.

Der er egentlig ikke så forfærdelig meget, jeg beder jer om, udover mad og kærlighed. Den største gave, I kan give mig, er at undgå at stå for meget i vejen. Ja undskyld mig, I er dejlige begge to og velmenende og fulde af gode idéer på mine vegne, og det er pædagogerne også. Men mere end noget andet har jeg altså brug for at folde mine egne idéer ud. Jeg er ufattelig kreativ og ufattelig opfindsom og ufattelig god til at finde på noget sjovt. Hvis I hele tiden forstyrrer mig, når I aldrig at opdage omfanget af min genialitet. Og det gør jeg heller ikke selv.

Observer mig i stedet og lær af mig. Jeg er i et skønt, ubrudt energi-flow, utrættelig og umættelig. Hemmeligheden bag min enorme mængde af energi og livsglæde er min evne til at mærke, hvad der føles godt, sjovt og vedkommende indeni mig. Jeg vil aldrig nogensinde blive fristet til at gøre ting, der ikke er gode for mig eller opsøge mennesker, der ikke er gode for mig. Min egen fornemmelse for »det gode« slår aldrig fejl. Ved I, at børn eller unge, der skader sig selv, altid er i opposition til en eller begge velmenende forældre? Giv mig fri til at mærke og finde mine egne grænser. På den måde kan og vil jeg få et afbalanceret og sundt forhold til ting som mad, film og computer.

Hvis I agerer som mine autoriteter og i al for høj grad fortæller mig, hvad jeg skal foretage mig og tænke og mene om alting, mister jeg min selvrespekt og min følelse af mening i livet. Jeg vil da vende mig mod mine omgivelser for at få svar på stort og småt og bliver afhængig af andres bedømmelse af mig og mine præstationer.

En af hemmelighederne bag min store, ubrudte energi er min evne til altid at gå ad vejen med mindst modstand. At gå ad vejen med mindst modstand er på ingen måde det samme som at ligge på sofaen det meste af dagen eller på anden vis være passiv. At gå ad vejen med mindst modstand betyder altid at være tro mod sin egen indre ild. Da jeg i sin tid lærte mig selv at tale, var det en kraftpræstation uden lige, men det var vejen med mindst modstand, fordi det var det, jeg ville lære. Jeg havde valgt det, jeg ønskede det, jeg havde lyst til det, og jeg brændte for det.

Vejen med mindst modstand er let at følge. Den er bred, jævn, smuk og spændende, og så skråner den som regel lidt nedad, så jeg nærmest kan flyde ned ad den. Udefra ser mit liv ufatteligt nemt ud langt det meste af tiden, og det er det også. Må jeres liv også være nemt?

Jeg spørger jer lige igen, og denne gang må I gerne være en tak mere ærlige over for jer selv. I har mange overbevisninger, der ikke ligefrem hylder det modstandsfrie og lette liv, ikke sandt? Inderst inde tror I, det vil være lidt for dovent og lidt for nemt altid at gøre det, der føles bedst og lettest i nuet, ikke sandt? I har over en bred kam fået overbevist jer selv om, at stræbsomhed, slid, flid, pligtopfyldenhed og udholdenhed er udtryk for en sund og stærk karakter.

Til jeres lettelse kan jeg røbe for jer, at det er jeres natur at være alle disse ting, når I blot vover at følge jer selv. Det er her den ægte, glædesfyldte og lystbetonede indre disciplin får lov til at udfolde sig. Den indre disciplin, der kommer af at have lyst, af slet ikke at kunne lade være, af kreativitet, der er vækket og må udfoldes. Skabertrang. I modsætning til den slags disciplin, som blot dækker over angst. Angst for ikke at kunne klare sig i livet, for ikke at behage omgivelserne og for ikke at tilfredsstille omgivelsernes forventninger.

Der findes også to forskellige former for styrke. Ægte styrke og pseudostyrke. Ægte styrke handler om at insistere på at følge sin egen indre ild og om at lytte til og følge sin egen indre stemme. Jeg har denne ægte styrke med mig fra naturens side. Hvis I bakker mig op i, at det er godt og rigtigt at følge sit eget indre, så vil jeg bevare min kraft. Pseudostyrke er at mande sig op til at gøre ting, der egentlig ikke føles godt, rigtigt eller vedkommende lige nu. Pseudostyrke er en måde at overleve livet på, snarere end at leve det.

Det, der føles godt indeni, er godt. Fik I den? Det gælder jo også for jer. Det, der føles godt indeni for jer, det er godt. Og det, der føles knapt så godt, er knapt så godt. Det, der føles skidt er skidt. Livet er enkelt, ikke sandt?

Tænk, hvis alle altid bare gjorde det, de virkelig følte for. Sikke en orden og sikke en harmoni, der ville komme ud af det. Hvad så med oprydningen og rengøringen, spørger I måske så. Hvad så med de kedelige tjanser? Til en start kunne man lade være med at definere visse af livets opgaver som kedelige og mindreværdige, for det kan jo tage lysten fra enhver. Faktum er, at vi heldigvis er så forskellige, at det, den ene synes er kedeligt eller besværligt, det synes den anden er sjovt, helt ok eller nemt. I en hvilken som helst gruppe af mennesker findes en højere orden, som kun kan opdages, hvis alle mærker efter og kommunikerer deres lyster, ønsker og behov til hinanden.

~ ☼ ~

Når I accepterer og respekterer mine valg, så vil jeg bevare min indre autoritet og dermed min egen fornemmelse for de rigtige valg i livet. Jeg er for eksempel fuldt ud i stand til at mærke, hvad min krop har brug for af næring. Jeg ved altid om det, der gavner mig allermest på et givet tidspunkt, er et æg, en appelsin, en gulerod eller et stykke brød. Og endnu vigtigere end det, jeg kender min livsvej. Det betyder ikke, at jeg som fireårig med usvigelig sikkerhed kan sige til jer, at jeg skal være brandmand, men det betyder, at jeg altid kender de næste skridt på livets store vej. Skridt, der som årene går, tegner et billede af, hvem jeg er, og hvad jeg er kommet her for.

En vigtig komponent i min indrestyrede natur er min selviskhed. Jeg har evnerne, villigheden og lysten til at sørge for mig og mine behov. Mine behov kommer før de andres behov. Det er en basal overlevelsesdrift, som findes i alt levende. Den er hverken god eller ond. Men den er. Og jeg kan aldrig skille mig af med den. Det eneste, jeg kan stille op med den, hvis I ikke synes om den side af min natur, er at forsøge at camouflere den.

Når jeg derimod får lov og plads til at sørge for mig selv først, opstår der som det naturligste i verden et behov og ønske om at dele og give til andre. Når jeg er tryg og sørget for, bliver jeg ægte givende og ægte omsorgsfuld. Jeg giver ud fra en indre overskudsfølelse og ikke ud fra en indre mangeltilstand. Ved I, at alverdens grådighed og nærighed udspringer af indre mangel?

Min selviskhed og min indre autoritet gør mig ikke til noget nemt og føjeligt barn. Det må jeg vist hellere afsløre for ikke at give jer falske forhåbninger. Denne her historie handler ikke om, hvordan man får velopdragne børn, men om hvordan man får lykkelige og sunde børn. Mere end at blive et nemt og føjeligt barn, bliver jeg et barn, der fylder, et barn med en stemme, kort sagt en ligeværdig person i familien. Er I klar til det?

Mit humør
– jeres ansvar

Man kan også sige det på en anden måde: Der findes ingen umulige børn, kun umulige forældre. Er det ikke herligt for jer at vide? I slipper for at bokse nyttesløst rundt med mig og kan i stedet tage direkte fat på årsagen: Jeres sindstilstand.

Jeg opfanger alt, der foregår i jer, og er så venlig at være jeres aldrig svigtende og altid helt sandfærdige spejlbillede. Ind i mellem fungerer jeg også som et slags forstørrelsesglas, når jeg selv bliver grebet af dramaet.

Når I er glade og kærlige, så er jeres interaktion med mig altid nem. Jeg vil så gerne give jer alt, I ønsker af mig, men jeg kan kun komme til det, hvis I er i en positiv sindsstemning overfor mig. Når I har problemer med hinanden, kære forældre, eller problemer med den måde, jeg er på, eller problemer på jobbet eller med helbredet eller livet i almindelighed, så opfanger jeg disharmonien og bliver arrig og utilpas. Husk på, at min lille krop er dannet ud fra jeres to kroppe og alt, hvad der foregår i jer, har jeg meget let ved at opfange.

Som et billede på dette kan I forestille jer mig

som inden i en lukket boble fyldt med harmoni og velvære.

For at passe godt på boblen omkring mig har jeg brug for, at I viser og fortæller mig, at jeg er elsket, vigtig og fortjener at få mine behov opfyldt. Som spæd har jeg brug for, at I handler på mine behovssignaler så hurtigt som muligt. I takt med, at jeg vokser, har jeg brug for, at I støtter mig i mine forsøg på at sørge for mig selv.

Boblen forbliver lukket, så længe den ikke udsættes for angreb eller mangel på kærlig kontakt. Angreb kan for eksempel være kritik, irettesættelser og skældud. Kritik, der ikke udtales, men finder sted i jeres sind, mærker jeg også. En hård fødsel, som ikke er blevet afstresset, eller andre uforløste oplevelser gør boblen mere følsom og sårbar.

Når boblen er utæt, har jeg svært ved at afgøre hvilke stemninger, der kommer fra mig selv, og hvilke, der kommer fra jer. Jeg reagerer på det hele. Resultatet er et overspændt og overtræt barn med hysteriske anfald.

Når boblen er lukket, er jeg i forrygende kontakt med mig selv og mine egne behov. Jeg sætter mine egne behov først uden antydningen af skyld, fordi jeg ved, at jeg er vigtig og fortjener det bedste. Jeg ved, at jeg selv er mit primære ansvar. Når jeg lytter til og handler på mine egne behov, bliver jeg fyldt med overskud og indre glæde. I kølvandet på glæden følger som det naturligste i verden godhed og næstekærlighed.

Ved I, at alle mennesker er gode og næstekærlige, når de er i god kontakt med sig selv? Når et menneske er »ved siden af sig selv« eller »ude af sig selv«, har han eller hun det ikke rart og har ikke overskud til at være noget for andre. Den indre kontakt er røget. Mennesker, der udøver ukærlige eller onde gerninger, er for en tid blevet helt væk fra sig selv. Så I behøver aldrig være bange for, »hvad der dog skal blive af mig«, så længe jeg er glad, ivrig og optaget af mit liv. Så vil det nemlig gå mig rigtig godt. Jeg vil knytte venskaber baseret på ligeværdighed og glæde, og jeg vil søge alt det positive og dejlige, som livet kan byde på.

En ekstra sidegevinst ved en lukket boble – af nogle også kaldet en hel aura – er et formidabelt helbred og uudtømmelig energi. Bakterier, vira og alverdens »uheld« preller simpelthen af på mig. Ja tænk, uheld er også en følge af at være ved siden af sig selv. Der er faktisk intet i denne verden, som bare kommer ud af det blå eller sker ved tilfældigheder. Alt det, vores individuelle verden indeholder, og alt, hvad vi oplever, kan kaldes for vores manifestationer eller resultater af de tanker, vi har tænkt. Når min boble eller aura er tæt, er jeg fuldstændig beskyttet. Selv irriterende små insekter som myg, tæger, lus og lopper kommer mig ikke nær.

Jeg vil indføre et nyt begreb, som skal hedde sund egoisme. Vær egoister selv, kære forældre.

I skal mærke, hvad der får jeres hjerter til at banke i livet. I skal mærke, hvad der får jer til at synge og danse af bar glæde over at være til. Vær mine glade forbilleder. Gør det i livet, som nærer, glæder og opløfter jer. Vil I ikke nok? Er der mon noget denne verden har mere brug for end lykkelige mennesker?

Vi må hver især tage på os at gøre dette stykke dejlige og berigende arbejde, der hedder at tage hånd om vores egen lykke. Jeg kan det, for endnu har jeg ikke lært at gøre andet, så I er mere end velkomne til at smugkigge og lure mig hemmeligheden af. Jeg har så meget at give til jer og lære jer. Er det ikke vidunderligt, at jeg er kommet ned til jer? Er I ikke bare ovenud lykkelige og taknemmelige over, at der findes sådan nogle som mig? Udover at jeg er bedre og kan lære jer mere, end I ville kunne lære på et hvilket som helst selvudviklingskursus eller hos en hvilken som helst terapeut, så er min timeløn også til at betale.

Så hvis I ønsker jer et fredfyldt, glad og harmonisk barn, og det gør I selvfølgelig, så må I vende pegefingeren mod egen navle og sørge for at komme i balance selv. Vi kunne passende lige indføre et lille motto her: »Det er bedst kun at pille i egen navle, men det er til gengæld også godt«.

Det er imidlertid ikke altid, at I er jer bevidste, at jeres balance ikke er helt på plads. Og så er det heldigt for jer, at jeg er sådan et fintfølende barometer for stemningen i huset. Altid til tjeneste med en følelsesmæssig vejrmelding. Hvorfor ser I så trætte ud? Nå ja, det forstår jeg måske godt, men husk nu på, at et bedre redskab til selvudvikling fås ikke. Det er en gave, at jeg er så følelsesmæssigt fri og åben og så fuldstændig villig til ærligt at fortælle jer, hvad jeg mener om stemningen i hjemmet.

En sikker metode I kan bruge til selv at afgøre jeres indre balance, er at mærke jeres sinds og jeres krops tilstand. I kan ikke komme hjem fra arbejde med hovedpine eller træthed og tro, at I er i balance. Desværre, den går ikke. Ethvert ubehag i sind eller krop indikerer ubalance. Det er jeres naturlige tilstand at være glade, energifyldte og optimistiske. Og få nu ikke sved på panden over ikke at være i indre topform hver dag og hele tiden. Det vigtige er, at I erkender, at det er jeres balance, den er gal med, så jeg ikke kommer til at bære ansvaret, blot fordi jeg spejler den for jer.

Pas på mine følelser. De er fine alle sammen. Enig? Pyh, det var godt. For hvis der er følelser, I har problemer med at rumme i jer selv, vil I nemlig ubevidst styre mig mod samme holdninger. Min frie, bløde krop og mit glade åbne sind, hænger fuldstændig sammen med, at jeg ikke fordømmer nogen af mine følelser. Jeg bruger aktivt alle mine følelser til at genvinde min balance, hvis jeg midlertidigt har tabt den.

Jeg ved for eksempel, at vrede og frustration er effektive nøgler til at genvinde min følelse af indre styrke. Det kan være, at jeg er ved at lære at tage tøj på selv. Jeg vil det så meget og kan det så lidt og kan komme til at føle mig alt for lille og dum til denne verden. Så er det, at det hjælper at rejse en mægtig energi af vrede indeni. Den skal bare have plads. For den hjælper mig til med fornyet mod og friske kræfter at tage fat på min selvvalgte træning med tøjet igen.

Hov, hov, siger I måske – så du kan altså komme i ubalance helt af dig selv? Det er altså alligevel ikke altid vores problemer, du spejler? Lad mig rede trådene ud. Når jeg kommer i ubalance, så er det altid kortvarigt, såfremt jeg får lov til at have mine følelsesudbrud i fred. Ubalancen når aldrig at blive til et problem. Den er i bevægelse. Og her kan I virkeligt lære noget af mig. Læg mærke til, hvordan alt i mig foregår i bevægelse. Der er ikke noget, der stagnerer eller fastholdes. Følelserne får lov til at skylle igennem mig. Jeg tillader, at de kommer og tillader, at de går. Ubesværet går jeg fra afmægtighed til vrede til lykkeligt solskin. Ofte på ganske få minutter, nogle gange sekunder. Ved I, at alle jeres problemer kunne passere ligeså hurtigt, hvis I ikke havde nogen dom på jeres følelser?

Jeg inviterer jer hermed til at nyde og beundre min evne til at håndtere livets udfordringer lige så tit, I vil. Jeg kender godt jeres indvending lige nu. For jer ville det ikke være passende at råbe og skrige på gaden eller arbejdspladsen. Men bare rolig, der behøver ikke være lyd på, følelser kan sagtens mærkes diskret og indeni uden at involvere omgivelserne. Jeres udtryk er op til jer, forløsningen afhænger kun af jeres evne til at rumme følelserne.

En vigtig nøgle til at mærke følelser fuldt ud er vejrtrækningen. Se på mig. Jeg trækker vejret helt ned i maven og nærmest med hele kroppen, når jeg er ophidset. Min vejrtrækning ændrer sig frit og ubesværet med mine stemningsskift og med mit skiftende aktivitetsniveau.

Hvis I nu skulle være blandt de mange voksne, der tror, at de ikke indeholder særlig mange følelser eller følelsesskift, så er det blot fordi, I har lært jer selv ikke at trække vejret. Fuld, blød, fri vejrtrækning helt ned i maven er nøglen til at mærke, hvad der reelt sker i følelseslivet. Tør I mærke jer selv lidt mere? Det kan være lidt skræmmende, hvis I ikke er vant til det, men det er vejen til at generobre sit eget indre guld.

Voksne har i øvrigt en fordel, som børn ikke har. Tænk, at I skulle høre mig sige det. Nå, men skidt pyt – det er da helt rart, at der er områder, hvor I kan være lidt foran. Fordelen handler om jeres evne til mentalt at forstå baggrunden for de følelser, der opstår i jer. Det er jo sådan, at de tanker, I tænker, skaber følelser. Det er aldrig de ting, I oplever i livet, som i sig selv giver jer positive eller negative følelser. Det er altid jeres mening om de ting, I oplever. Og den mening kan I når som helst tage op til revision med det formål at skabe bedre følelser for jer selv. Hvor er I heldige. Gennem leg og eksperimenteren med jeres egne tanker, kan I få det fantastisk og skabe et formidabelt overskud til positive forandringer. På dette område har I meget at give til mig. I kan med jeres ord hjælpe mig til at forstå, hvad der sker i mit liv og nænsomt guide mig til så positiv en tankegang som mulig.

Jeg vil give jer et lille tip. Den bedste måde at holde øje med sine tanker på er faktisk at være til stede i sine følelser. Jeres tanker vil snyde, forvirre og drille jer, mens jeres følelser altid er så venlige at afsløre, hvad I i virkeligheden mener om tingene.

Årsagen er, at tanker finder sted på flere niveauer; bevidste, ubevidste og cellebevidste niveauer. Det kan være, at I tænker, at I gerne vil have flere penge i jeres liv. Dette er den bevidste tankes plan. Men på andre planer kan der ligge nogle modsatrettede overbevisninger om penge, som I ikke opfanger, hvis I ikke mærker jeres følelser. Det kan være tanker om, at det kræver hårdt arbejde at tjene penge eller, at I ikke fortjener materiel overflod eller, at det måske er syndigt eller på anden vis forkert at have penge i en verden, hvor så mange mangler dem.

Følelsen i nuet fortæller jer altid helt sandfærdigt, hvilke tanker I har aktive i nuet, og dermed om I er på vejen mod jeres mål eller på vej væk fra jeres mål. Positive følelser i nuet fortæller jer, at I er i fuld gang med at tiltrække alt, hvad I ønsker jer.

En masse positive følelser koblet med den mængde handling, der føles godt, inspirerende og fornøjelig, er nøglen til at manifestere bevidst. Måske I kunne have lyst til lige at dyrke den sidste sætning et par minutter. Den er god! Og den fortæller jer, at hvis der er noget, I ønsker jer i livet, så kan det i høj grad betale sig at blive glad først og handle bagefter. Jeg er sikker på, at I har prøvet den omvendte rækkefølge, og jeg er sikker på, at det hverken var sjovt eller udbytterigt. Har jeg ikke ret?

Når I er fokuserede på jeres følelser, er I tilmed nærværende og tilstede i jeres liv. Et fokus på jeres tankevirksomhed vil gøre jer fraværende, give en diffus livsoplevelse og kan give hovedpine.

Når jeres følelsesmæssige tilstand er let, glad og fredfyldt, er der ingen grund til at beskæftige sig med tankerne. De kører på skinner. Alt er i orden. Jeres nu er fint, og den fremtid, I er i gang med at skabe, ser fin ud.

Føler I jer derimod uoplagte, trætte, irritable, vrede eller utilpasse, så er det tid til et indre tanke-check. Spørg jer selv: Hvilke tanker tænker jeg om mit liv, der får mig til at føle sådan her? Kunne jeg tænke dem anderledes og bedre, på en måde, så de stadig føles sande? Selv de værste tanker kan over tid løftes til ren lyksalighed.

~ ☼ ~

I giver mig en stor gave ved at lære mig at opnå mine ønsker gennem positiv adfærd. Jeg har lagt mærke til, at I mennesker har en tendens til at blive kede af det, vrede og frustrerede, når livet ikke arter sig, som I ønsker det.

Ved I, at man godt kan ønske sig noget andet end det, der er, og være superlykkelig alligevel? Ved I også, at det er den allerhurtigste måde at få ønskerne til at gå i opfyldelse på? Ønsk og vær glad. Ønsk og vær glad. Ønsk og vær glad.

Mulighederne viser sig i jeres liv, når I ikke har skabt indre blokering og dermed gjort jer selv døve og blinde og utilpasse oveni. Jo gladere I er, jo flere mirakler på jeres vej.

Hvorfor er det så lige, at netop dette ikke falder jer nemt? Hvorfor er det lige, at de fleste mennesker prøver at opnå livets goder gennem følelser af mangel og utilfredshed? Årsagen er at finde i adskillelse fra Kilden, den generelle følelse af at have mistet det indre paradis. Når den indre paradisiske forbindelse er intakt, er tryghedt intakt, og en generel følelse af at være sørget for er også intakt. Jo lykkeligere fostertiden og de første leveår har været, jo rigere og tryggere er grundfølelsen. Der er overflodsbevidsthed.

Hvis I, kære forældre, er kommet væk fra jeres egen naturlige overflodsbevidshed, så kan I hjælpe jer selv til at huske og genskabe den ved at værne om min. Det gør I ved at opfylde mine behov, mens jeg ligger i maven og de første leveår, hurtigt og med glæde.

Så her følger den vigtigste indrømmelse fra mig til jer: Min indre verden styrter ikke sammen på grund af sengetider eller mangel på slik og legetøj. Men min indre verden tager skade, hvis jeg lærer, at jeg for at opnå ting i livet skal gøre mig selv ulykkelig først. Giv aldrig til mig, når jeg eksperimenterer med ulykkelighed. Lær mig i stedet at bede om ting på en god måde. Lær mig, at mine ønsker kan gå i opfyldelse. Lær mig at være vågen og på udkig efter muligheder. Lær mig, at jeg kun modtager i en tilstand af fred og glæde, ved kun at give til mig, når jeg er fredfyldt og glad. Lær mig det også ved at være mine gode forbilleder.

Jeg lover jer, at jeg nok skal prøve jeres grænser af. På enhver tænkelig måde. Nøglen for jer, som jeg hermed er så venlig at udlevere, er at bevare roen. Giv mig lov til at hyle og skrige for at se, om jeg kan få mine ønsker opfyldt på den måde. Vær venlige og rolige, sig nej og sørg for, at jeg ikke får skjulte points for min adfærd gennem for megen opmærksomhed. Og vær klar til at tage imod mig med åbne arme og fuld opmærksomhed, når jeg inden længe kommer og beder om godt vejr.

Når jeg er i ubalance, fordi jeg savner mere nærvær, mere opmærksomhed og flere kærlige kram og søde ord, så giv mig ubetinget. Der skal aldrig være en pris på kærlighed. Lad den flyde frit og i overdådige mængder. Lad den regne ned over mit heldige lille hoved.

Kunsten for jer er at kende forskel på mine materielle behov og mit behov for nærhed, for tit kan mit behov for nærhed være skjult under et tilsyneladende behov for slik eller legetøj. Forskellen afgøres nemt ved altid at tilbyde mig nærheden først.

Den grundlæggende uskyld

Se mig ind i øjnene, og I vil se uskyldighed. Og det er, hvad jeg er. Fuldstændig uskyldig, ligesom I selv. Forskellen er blot, at I er kommet til at tro noget andet.

Ved at se mig dybt i øjnene, vil I komme til at huske jeres egen essens. Det er ikke så svært for jer at huske, så længe jeg er stille og rolig og ser nuttet ud samtidig. Testen kommer, når jeg har smurt hele huset ind i tandpasta eller skilt hi-fi-anlægget til atomer eller nydt lyden af det fine porcelæn, når det rammer gulvet eller… Nå, ja, I har vist fanget den. Men det er altså nu, I skal stoppe op, tage nogle dybe vejrtrækninger og huske på, at jeg ikke gjorde det for at genere nogen af jer. På ære! Jeg er en eventyrer og en opdagelsesrejsende, og mine intentioner er hvide som sne.

Men, siger I så, du smurte også huset ind i tandpasta sidste uge, og da tog vi det pænt. Hvordan kan du dog gøre det mod os igen? Ok, jeg gør altså ikke noget imod jer, jeg husker bare ikke så godt. Endnu.

Jeg vil foreslå, at I forklarer mig sagen igen, stille og roligt, og så gemmer tandpastaen væk, så jeg ikke kan nå den. Det, jeg huskede bedst, var, hvor morsomt det var at trykke på tuben, se »tandpastaormen« komme ud og opdage, hvordan jeg kunne få alting til at skifte farve ved at male med den med fingrene. Jeres indvendinger var der kun et meget lille stykke plads til. Beklager! I var ikke den sjoveste del af oplevelsen.

Men, siger I måske så, hvis vi nu havde råbt og skreget af dig, så ville du måske have husket. Jo tak, det er rigtigt, men jeg ville også have lært, at jeg ikke kan stole på mine egne impulser og kan komme i uføre på grund af dem. Og er det så ikke bedre at give tandpastaen et mere utilgængeligt sted at bo, indtil jeg forstår lidt mere? Og ligeledes flytte porcelænet og følsom elektronik.

Alle mennesker udvikler en individuel personlighed, et ego, som følge af at være i en fysisk og tilsyneladende adskilt krop. Det gør jeg også. Et ego får jeg altså med mig på min vej. Det store spørgsmål er blot, om jeg får et ego i balance eller et ego i ubalance.

Hvordan har jeres ego det, far og mor? Hvis I oplever jer selv som vidunderlige og alle andre mennesker som lige så vidunderlige, så er jeres ego i balance. Der er ligeværdighed mellem jer og andre og overensstemmelse med jeres kerne. Oplever I jer selv som bedre eller dårligere end andre mennesker, ja så er der ubalance. Der er også ubalance, hvis alt og alle opleves negativt.

I vil sikkert skifte lidt mellem balance og

ubalance, afhængigt af de situationer, I befinder jer i.

Opskriften på et sundt ego i mig får I med denne bog. Derudover kan jeg fortælle, at den allervigtigste ingrediens er et nært og trygt forhold til min mor i livmoderen og de første leveår. Når den fysiske adskillelse fra min mor får lov til at ske i mit tempo og på mine præmisser, er jeg temmelig godt stillet. Man kunne endda gå så vidt som at sige fantastisk godt stillet.

Med et sundt ego får jeg lov til at bevare min uskyld både indadtil og udadtil. Jeg vedbliver at være tryg og tillidsfuld som en lille kattekilling, simpelthen fordi jeg ikke har haft grund til at tro, at livet er andet end godt. Tænk, hvis vi alle kunne gå gennem livet med en psyke som bløde, kærlige kattekillinger? Sikke venligt livet ville behandle os.

Mit oprindelige sind, det sind, jeg kommer her med, er som et hvidt lærred, rent og uden evne til at opfatte andet end godt. Grunden til min fordomsfrihed og uskyld er, at mit sind endnu ikke er begyndt at tænke modsætningsfyldte tanker. Prøv at lægge mærke til, hvordan jeg smiler lige bredt til den gamle alkoholiker på bænken og den velklædte dame på Strøget. Jeg ser ikke den ene som bedre end den anden, og jeg opfatter ingen fejl. Jeg ser blot Gud. Uskyldig, ren og vidunderlig som jeg selv. Det er derfor, jeg er i stand til at vække det allerbedste i alle, jeg møder.

Andre mennesker bliver bedre mennesker af at være sammen med sådan nogle som mig.

I kan værne om mit rene sind ved at undgå at introducere mig til jeres polariteter, som er jeres sort/hvide livssyn – jeres tro på godt og ondt. Det gør I ved kun at give mig historier, fortællinger, musik, spil og film, der beskriver en verden fyldt med sjov, hyggelige eventyr, fornøjeligt samvær og samarbejde. Jeg vil elske den slags input, fordi de matcher indholdet i mit eget sind. Lad mig nøjes med at opleve alt det gode, så længe som muligt, jo flere år jo bedre. Før eller siden bliver jeg konfronteret med en splittet og polariseret verden, men jeg vil da have opbygget en god indre ballast og vil ikke blive så påvirket. Jeg vil have en følelse af en grundlæggende god verden og være i stand til at se de væmmelige historier, som det, de nu engang er – historier.

Jeg har ikke brug for nogensinde at forholde mig til al verdens elendighed. Og tænk, det har verden heller ikke brug for, at jeg gør. Verden har mere end noget andet brug for at lære, hvordan man kan leve dette jordiske liv på en sund og lykkelig måde.

Prøv at eksperimentere med den forskel, det gør i jer, kun at opfatte alt det gode og dejlige i og omkring jer. Oplev, hvordan det føles at kigge efter Gud i alle, I møder. Og ligeså vigtigt, oplev omverdenens reaktion på jer. For det er sådan, at jo mere godt I opfatter i andre, jo venligere stemt bliver de overfor jer. Helt uden, at nogen har sat ord på, hvad der foregår.

Der er mange små tricks, I kan benytte jer af, hvis I vil øve jer i bevidst at spejde efter det guddommelige i jer selv og andre. Det første trick er, at I kan minde jer selv om, at bag al adfærd ligger der gode intentioner. Selv den værste krig er skabt på et ønske om fred. Dårlig adfærd handler altid om et eller flere mennesker, der endnu ikke har lært, at mål og midler er nødt til at være i overensstemmelse med hinanden. Fred fører til fred og ufred til ufred. Vi snakker altså om uvidenhed, ikke ondskab.

Og her havner vi midt i trick nummer to: At opleve uvidenhed frem for ondskab. Det fører ikke til noget godt at klandre andre for deres uvidenhed, men man kan selv være et godt eksempel for en højere bevidsthed. Man kan selv være den forandring, man ønsker at se i andre. At være et godt eksempel er langt bedre undervisning end tusind prædikener.

Ved I, far og mor, at der grundlæggende kun findes to slags adfærd? Den ene er udtryk for kærlighed. Den anden er en bøn om kærlighed. Al positiv og livsbekræftende adfærd er et udtryk for den første, og al negativ og destruktiv adfærd er et udtryk for den sidste. Tænk, hvis alle vidste det. Prøv lige at mærke efter, lige nu. Gør det ikke en utrolig stor forskel for jer at tænke, at alverdens ubehagelige mennesker blot bønfalder om kærlighed? Ved I også, at kærlighed er den eneste kur, der virker på dem, der bønfalder om kærlighed?

Så elsk jeres fjender, og de bliver jeres venner. Elsk mig, når mit ego kommer i ubalance, og jeg kommer på plads. Og elsk jer selv, når I er i ubalance, og I finder vejen igen. At opfatte negativ adfærd som en bøn om kærlighed er trick nummer tre.

Trick nummer fire: Alt, hvad I oplever, er et spejlbillede af indholdet i jeres eget sind. Man kan ikke rette på sit spejlbillede, men man kan ændre på sig selv.

Læg mærke til, om der er visse temaer hos andre mennesker, der bliver ved med at genere jer og led så efter det samme tema i jeres egen psyke, for at skabe forandring der.

Finder I ingen tegn på dette tema i jer selv, så tænk over om det repræsenterer noget, I tager kraftigt afstand fra. I så fald er det kommet til jer for at blive forstået, accepteret og elsket.

Trick nummer fem: I kan øve jer i at opfatte alt »det dårlige« ved andre mennesker og jer selv som et forbigående fatamorgana eller et slør for virkeligheden. Og I kan øve jer i ikke at give den slags uvirkelighed opmærksomhed. Det er det dejlige, det virksomme, det produktive, det omsorgsfulde, det sjove, det rare og glædesfyldte, vi ønsker os mere af, så det er det, der fortjener vores opmærksomhed.

Trick nummer seks: Væn jer til at opfatte opmærksomhed som gødning. Og spørg ofte jer selv: Hvad gøder jeg lige nu?

Trick nummer syv: Læg mærke til hvilke stemninger, handlinger eller karaktertræk, der giver jer en opløftet sindstilstand. Vær bevidst på udkig efter disse kvaliteter i jer selv og andre. Med andre ord, så dyrk alt, der føles godt.

Trick nummer otte: Hvis I kan skabe og opleve indre billeder, kan I øve jer i at se lys i andre. Man kan få oplevelsen af, at det guddommelige i andre skinner og stråler.

For mig er det naturligt at opleve verden gennem lyserøde briller. I kan lære jer kunsten ved at studere mig. Når som helst, I føler anledning til anspændelse eller bekymring, kan I stoppe op og med et lille smil spørge jer selv: Hvordan ville denne situation mon se ud gennem et lille barns øjne? Bedre, sjovere og lettere at håndtere, ikke sandt? Så niende og sidste trick er naturligvis at se verden med barnets øjne.

Vi er alle udstyret med en slags briller. Brillerne

90

repræsenterer vores indbyggede filter, som vi oplever verden igennem. Filteret sørger for, at vi så vidt muligt kun oplever det, vi forventer, og fungerer dermed som en slags tryghedsforanstaltning. Mennesker, der starter deres liv med megen modgang, har tit en tendens til at se verden gennem meget mørke briller og omvendt med mennesker, der er født ind i lettere omstændigheder. Succesfulde mennesker er orienterede mod succes, de kigger efter succes, de forventer succes – og de tiltrækker succes. Deres briller er på mange måder lyserøde.

Er det ikke vidunderligt, at det når som helst kan lade sig gøre at skifte til et lysere sæt briller? Det er i vores allesammens magt bevidst at begynde at kigge efter det rare, det positive og det lykkelige og med tiden gøre det til en vane. Når brillerne skiftes, skifter livets store scene. Modgang bliver vendt til medgang. Hver gang.

Forældreopgaven – den rene loppetjans

Begynder I at få fornemmelsen af, hvor ufatteligt nemt det kan være – og er meningen, det skal være – at være forældre? Nå ikke helt? Det er blot, fordi I træder nye stier. For de kommende generationer bliver det meget, meget nemmere.

I er, ligesom jeg, uskyldige væsener født ned i et jordisk set-up, hvor I har modtaget en masse overvisninger; både direkte fra jeres forældre og også gennem jeres genetiske arv, jeres dna. Alle disse overførte overbevisninger styrer jeres liv på en meget subtil måde, indtil de bliver bevidstgjorte.

Hver gang I føler jer i konflikt, i tvivl og forvirrede, kan I gøre jer selv en meget stor tjeneste ved at spørge jer selv, hvad I virkelig mener om tingene, allerdybest inde. I kan vide, at I har nået jeres eget svar, når en følelse af lettelse og fred indfinder sig. I kommer på plads i jer selv, og nu er det jer, der er chaufføren i jeres eget liv. Jer, der står i midten af manegen. Jer, der er det klare og kraftfulde omdrejningspunkt i jeres eget liv.

Et lille tip fra mig til jer for at komme hurtigere i balance: Husk, at I aldrig virkelig har brug for, at nogen anden end jer selv ændrer tankemønstre og adfærd. Ingen andre skal lave om på sig selv, for at I kan have det fantastisk. Vejen til at skabe ægte og varige forandringer i jeres ydre verden sker altid gennem ændringer i jeres indre verden. Vær glade, sorgløse og taknemmelige, og jeres liv vil være en dans på lyserøde skyer og torneløse roser. Ligesom mit. Begynder I at få fornemmelsen af omfanget af mine gaver til jer?

Jeg har altid brug for, at I mærker jer selv og følger jer selv, uanset hvor I livet og jeres egen udvikling, I befinder jer. Jeg beder aldrig om, at I ofrer jer for mig. Jeg beder om, at I sætter mig på en piedestal, så I kan erkende min storhed. Og jeg beder om, at I sætter jer selv på en nøjagtig ligeså stor piedestal ved siden af mig, så I kan erkende jeres egen betydning og storhed. Jeg har brug for, at vi kan se hinanden lige i øjnene.

Ligeværdighed. Uhmmm! Dejligt ord. Ligeværdighed. I er ikke mine slaver, men jeg er heller ikke jeres. Frie hver for sig og frie sammen. Frie til at gøre lige præcis det, vi har lyst til. Hvor er vi lykkelige sammen på den måde.

Den mest grundlæggende fejl, I jordboere begår, er at tro, I skal bestemme over jeres børn og få dem til at passe til jeres eksisterende samfund. Alting går ufatteligt meget nemmere, hvis I nøjes med at bestemme over jer selv, optræder som venligtsindede vejvisere i ny og næ, og så i øvrigt tilpasser jeres samfund til den nye generation.

Men, men, men, siger I, vi har brug for at bestemme. I hvert fald ind imellem. For at få tingene til at glide. Ja, ja, ja siger jeg så, men så lad os dog slå en lille handel af. Så længe jeg får følelsen af frit valg og følelsen af, at jeg får noget rart ud af situationen, så længe vil jeg samarbejde med stor iver og fornøjelse.

Lad os blive konkrete. Du, mor, vil gerne snakke uforstyrret i telefon, og jeg vil gerne lege udrykning med min brandbil. På en meget høflig og ligeværdig måde kan du for eksempel sige til mig: Hør her, lille skat, hvis du nu får en lille tallerken med lidt frisk eller tørret frugt, nødder og lidt chokolade, måske et par kiks, så kunne jeg til gengæld få ro og stilhed til at snakke i telefon? Eller du kunne foreslå at lege med mig eller læse en historie for mig til gengæld for mit hensyn og samarbejde. Hvad som helst, der passer til dig og mig.

I skal vide, at jeg elsker at lege købmand, elsker at forhandle. Det giver mig en følelse af at blive hørt og af at have indflydelse og medbestemmelse i mit liv. De følelser holder I også af, er det ikke sandt?

Men, indvender I så, skal børn ikke gøre ting for deres forældre som et udtryk for kærlighed og uden at modtage betaling til gengæld? Bliver verden ikke et koldt sted at være, hvis samvær bliver reduceret til købmandshandler? Bare rolig, I to, det gør vores samvær heller ikke.

Købmandshandlerne kommer kun ind i billedet, når I ønsker noget bestemt af mig, som jeg ikke nødvendigvis lige er i humør til. Resten af tiden vil I få glæden af at opleve mig som et gavmildt springvand, som med stor fornøjelse deler ud af al min indre overflod.

Når jeg får lov til at give frit, det vil sige, når jeg har lyst til det og på mine betingelser, er jeg helt naturligt et meget givende væsen. Ved at give mig fri til at være den, jeg virkeligt er, giver I mig muligheden for at bevare et ægte og uanstrengt forhold til at give og modtage.

Hvis jeg nu en sjælden gang opfører mig helt umuligt, og I føler jer pressede, eller jeg har en gentagen adfærd, som I ønsker ændret, så vil jeg give jer et lille tip fra hestepsykologien: Skub mig ud af flokken. Bldt, men bestemt. Fortæl mig og vis mig med hele kroppen, at I ønsker, jeg skal gå væk – for eksempel ind i et andet rum. I skal ikke kritisere min opførsel eller skælde mig ud, blot vise mig, at den ikke hører hjemme i vores flok.

Denne metode giver mig en følelse af frit valg. Jeg kan enten gå væk og være, som jeg er, eller jeg kan ændre mig og søge tilbage i flokken. Når ønsket om en ændring kommer inde fra mig, tager den hverken lang tid eller opleves som svær. Bare vent og se.

I kan generelt gøre jer selv en stor tjeneste ved at fortælle mig rigtig meget om, hvad I ønsker af mig, og meget mindre om det, I ikke ønsker. Uanset hvad I fortæller mig, så får det min opmærksomhed, og ordet »ikke« har jeg en beklagelig tendens til at overhøre. Det hører vist med til at være menneske.

Ydermere har jeg noget, man kunne kalde en indbygget æseleffekt. Denne æseleffekt kommer til udtryk, hvis jeg føler mig hevet i, presset til noget eller når jeg får et forbud. Kort sagt, hver gang, jeg føler, at min frihed bliver truet, vil mit indre æsel gå i baglås. Æslet repræsenterer den tredje kerneoverbevisning, som jeg har fortalt jer om tidligere: »Jeg er eksperten i mit liv«. Giv mig i stedet altid følelsen af at have et valg, eventuelt med en lille gulerod foran det valg, der passer jer bedst.

Forklar mig også hvorfor, der er ting, I synes, jeg ikke skal gøre. For eksempel kan I fortælle mig, at biler er farlige, og at det gør meget, meget ondt at blive kørt over af en bil, og at I derfor gerne vil have, at jeg passer på, når jeg skal over vejen. Eller gerne vil have, at jeg ikke går over vejen alene endnu.

Når jeg møder forklaringer og ønsker fra jeres side, der handler om min egen sikkerhed, vil jeg lytte, og I kan være stensikre på, at det er min vilje at passe på mig selv. Det er kun, når mit indre æsel er i baglås, at jeg ikke altid handler til mit eget bedste.

Når det indimellem hænder, at vi har en lille konflikt kørende, så vid, at Gud altid hvisker jer løsningerne i øret. Stemmen fra Gud er det samme som stemmen fra Glæden. En optimalt løst konflikt efterlader kun glæde, hele vejen rundt. Alle er blevet rigere. Så med Glæden som vejviser ved vi alle, hvornår vi er til bunds i sagen: Det er vi, når alle involverede parter føler sig hørt og forstået og er glade igen.

At løse en konflikt handler ikke så meget om at udøve retfærdighed, for hvis retfærdighed er det lige, vi snakker om? Man kunne sige, at det handler om at stræbe mod en højere form for retfærdighed, som er vores allesammens ret til at være dem, vi er, i frihed. Konflikt er nemlig kun mulig, når vi i et øjebliks glemsel af vores sande natur vil have andre til at være på en anden måde, for at vi selv kan få det bedre.

Meget vil føles lettere for jer, hvis I gør et lille stykke indre arbejde med at skille jeres følelse af selvværd fra både min og jeres egen opførsel. Prøv om I kan føle jeres værd, blot fordi I er. Hvis jeres selvværd er afhængigt af, hvordan jeg opfører mig, så vil I føle jer unødigt truet, hver gang jeg afviger lidt fra idealet. Særligt når vi er ude blandt andre. Menneskers opførsel siger en hel masse om, hvordan vi har det hver især, men intet om, hvordan vi er. Jo mere, I husker denne elementære sandhed, når det er de andres børn eller deres forældre, der træder ved siden af, des nemmere vil det være at bevare roen, når det er os, det gælder.

Der er en ting mere, som vil gøre jeres liv ufatteligt meget nemmere, men jeg har gemt den lidt, fordi den er noget af en kamel for jer at sluge. Jeg føler mig dog helt sikker på, at når I har formået at læse så langt som hertil, så kan I godt tåle mosten. Ok, ikke mere udenomssnak. Åbn munden, her kommer kamelen: Opgiv drømmen om et normalt barn. Jeg er ikke noget normalt barn. Jeg bliver aldrig noget normalt barn. Normale børn findes ikke! Smid alle de der bøger ud, der handler om, hvad børn skal kunne på givne tidspunkter. Lad være med at kigge på, hvad naboens barn kan, for jeg er ikke naboens barn. Jeg har heller ikke lyst til at være naboens barn, for så havde jeg valgt at blive født ind i den familie. Jeg er mig. En unik og helt fantastisk og enestående lille skabning. Men I opdager det ikke, hvis I sidder med næsen nede i statistikker og tabeller om normale børns udvikling. Drop det. Overgiv jer til det mirakel, som *jeg* er. Tillad jer at blive ved med at nyde den, *jeg* er. Tillad jer at synes, *jeg* er vidunderlig.

    Giv jer hen til mig. Jeres liv vil blive ufatteligt meget nemmere, når I ikke bruger jeres krudt på at få mig til at passe til normen. Vi kan i stedet bruge tiden på at have det sjovt og rart. Ydermere får I den store gave, at det bliver meget nemmere for jer at elske og værdsætte jer selv ubetinget.

Søskende-idyl

Måske har I lyst til, at vi skal være flere? Hvor vidunderligt! En Lærer mere til jer og én mere, I kan kaste jeres uhæmmede kærlighed på. En ven for livet til mig, en følgesvend og medsammensvoren udi alverdens sjove påhit og narrestreger.

Jo, det lyder godt. Hvis det føles godt i jer, så kan I roligt regne med, at det også er godt for mig. Men lad være med at få en mere for min skyld.

En baby mere skabt af jeres ønske og ud af jeres overskud vil skabe en familiemæssig overskudsforretning. Hvis I derimod føler jer opfyldt og mættet af at have fået mig, ja så kender I svaret. Nok er nok.

Lad os antage, at vi skal være flere. I er blevet så overvældende lykkelige og berigede af mit selskab, at I vover jer ud i at blive forældre en gang mere.

I har sikkert svært ved at forestille jer, at så stor en kærlighed, som den I føler overfor mig, kan gentages. Og lige om lidt, når den ny baby er kommet til verden, finder I ud af, hvor store jeres hjerter i virkeligheden er. I vil komme til at elske den lille ny med præcis samme glød og intensitet, som den I har til mig. Mærkeligt ikke? Som hjerter kan vokse, når der er flere, der banker på.

Faktisk er det sådan, at alle, der banker på med åbne hjerter og kommer uden forsvar, nødvendigvis må blive mødt med kærlighed. Det er en naturlov. Prøv lige at læse de sidste to linier igen. Og så en gang til. Når I virkeligt forstår, hvad det betyder, vil I ikke længere være så bange for at stå i verden – bløde, åbne og helt jer selv. Alt, der venter jer, er Kærlighed.

Indimellem, og især de første år, vil jeg opleve det som svært at skulle dele alt det, der var mit alene, med en anden. Giv mig lov til at blive jaloux, hadefuld og ked af det, når jeg har brug for det. I hjælper mig meget ved at kunne rumme mine modstridende følelser og selvfølgelig ved at inddrage mig i omsorgen for den lille. Jeg vil gerne være en stor én, der er brug for. Efterhånden som jeg bliver tryg ved vores nye liv, genvinder jeg min indre balance og vil i stigende grad nyde at være »den store«.

Jo mere tid vi søskende tilbringer sammen, jo bedre kommer vi til at lege med hinanden. Faktisk kan man sige, at jo mere tid mennesker bruger med hinanden, jo bedre bliver de til at være sammen. Og det er ganske enkelt fordi, parterne lærer hinanden bedre at kende, på godt og ondt. Når der er tid og rum til konfliktløsning, bliver uenigheder afdramatiserede og bliver til positive redskaber for forbedret samspil. Behovet for at løse konflikterne på en god måde bliver også mere påkrævet, for hvem kan holde ud at gå op og ned af én, man er sur på, i længere tid af gangen? Vi børn bliver også, helt af os selv, bedre til at løse vores interne konflikter, når vi bruger meget tid sammen. Ved I, at alle problemer i nære forhold løses gennem mere nærhed? Nærhed til sig selv og nærhed til hinanden.

Jeg kan i øvrigt røbe, at langt de fleste af de problemer, børn kan have med hinanden, i virkeligheden handler om uløste temaer i forhold til forældrene. Hvis I bruger jeres krudt på at skabe frie, glade og kærlige forbindelser til os børn, så har I investeret jeres energi godt. Når vi børn føler os favnede og elskede, præcis som vi er af jer, så er det helt utroligt, så meget positivt overskud vi får til samværet med hinanden. Vores fokus bliver nærmest automatisk drejet hen mod alt det, der kan være sjovt og spændende i en leg. Man kan faktisk godt sige, at I på den måde hjælper os til at bevare vores lyserøde briller i samspillet med hinanden.

Prøv også at lægge mærke til, hvor utroligt godt, vi leger med hinanden, når I to, kære forældre, føler jer dybt forbundne. Det kan være, I lige har elsket eller haft en dyb, opløftende, berigende eller kærlig samtale med hinanden. Vupti, siger det så, og harmonien sænker sig over os børn.

Der er en anden lille håndsrækning, I kan give os, når vi ind imellem farer vild og glemmer vores sande engleagtige natur. I kan minde os om den kærlighed, der altid er imellem os søskende. Det er så nærende og beroligende at blive mindet om kærlighedens styrke og om, at den altid vender tilbage, selv om den er glemt for en stund.

Lad mig og den lille ny dele livet med hinanden. Og når vi skal passes af andre, så lad os følges. Store børn og små børn har så meget at give hinanden. Mig og så den lille, måske bliver vi Bedstevenner. Kender I til at have en Bedsteven? Prøv så at forestille jer, hvordan det er at dele far og mor og bolig med sin Bedsteven. Kan I mærke, hvad jeg mener?

Problembarnet
– en gave fra Gud

Måske er jeg et af disse specielle børn. Et barn, der er kommet her med en særlig udfordring.

Det kan være, jeg er født med et fysisk eller psykisk handicap eller senere får en diagnose. Jeg er ikke født anderledes, fordi jeg er værre end alle mulige andre børn. Og I har ikke fået sådan en som mig, fordi I er værre end alle mulige andre forældre. Men det kan være, at vi er mere følsomme end de fleste.

Følsomhed. Hmm, denne vidunderlige sensitivitet, der vitterlig er en gave, men oftest kommer i en vanskelig indpakning. At være sensitiv handler om at have et udvidet sanseapparat, der gør, at ting, som andre tåler let eller trækker på skuldrene af, møder voldsom indre modstand hos den sensitive.

Den sensitive har med sit veludviklede og forfinede sanseapparat brug for mere nænsomhed, mere blødhed, mere venlighed og mere kærlighed end de fleste andre.

Sensitiviteten er en vejviser mod en mere guddommelig verden. I en verden, hvor der er modstand mod forandring, og hvor tilpasning til det bestående er en dyd, bliver sensitiviteten tit oplevet som en klods om benet og giver anledning til mindreværdsfølelser.

Det er disse følelser, man kan kalde en vanskelig indpakning. Den sensitive har det ikke rart med det bestående og kan ikke tilpasse sig uden at lide under det fysisk eller psykisk. Han eller hun bliver nødt til før eller siden at tage følsomheden til sig som en gave, pakke den ud og lytte til dens budskab og så handle derpå. Ellers kommer livet ikke i balance.

Følsomme personer er gamle sjæle, ikke finere eller bedre end andre sjæle, blot ældre og mere vise. I starten af deres liv genkender man dem nogle gange som Modstandsbevægelsen, evig og altid i opposition og klar med forslag til positive forandringer. Men ofte skjuler de deres følelser af modstand på grund af deres medfødte høje moral. De har et stærkt ønske om selv at være nænsomme og kærlige. Modstanden mod det eksisterende starter allerede i fostertiden og kan give anledning til medfødte sygdomme eller skavanker. Rigtig mange autistiske børn er kommet her som nogle af vor tids største lærere, for nu at nævne en enkelt gruppe særlige børn.

Senere i deres liv folder de følsomme enten deres indre lys ud eller lever et desillusioneret og glædesløst liv, med sideeffekter som for eksempel fysisk eller psykisk sygdom, druk eller andre afhængigheder.

Følsomme forældre, der i større eller mindre grad har vendt deres følsomhed ryggen, kan opleve at få et særligt barn. Et barn, som er en gave, fordi det repræsenterer en ny chance til at favne sig selv dybere og få et meget rigere liv.

Så frem med stoltheden, hvis vi er en følsom familie. Og fuld fart på med at pakke gaven ud. Hvordan gør man så det? Jo, først og fremmest, så vælger man at se sit særlige barn, mig, som en gave. Altså opgiver modstanden og skyldfølelsen og begynder bevidst at kigge efter det gode ved mig. Jeg er anderledes, jo, men ikke forkert. Dette er første lektion, og den er ikke helt nem i en verden med tendens til at ensrette. Byd mangfoldighed velkommen og elsk mig præcis som jeg er, lige nu.

Gå med mig. Dette er anden lektion. Opfyld mine følelsesmæssige ønsker og tillad mig at være pivset, når jeg er det. Giv mig alle muligheder for, at jeg kan føle mig beskyttet, tryg og veltilpas. Lyt til mine grænser og lær mig på den måde selv at respektere dem. Forsøg aldrig at bekæmpe min modstand, men smelt den i stedet med jeres kærlighed og opbakning.

~ ☼ ~

Måske gør min specielhed, at jeg ikke kan deltage, ligesom andre børn kan det, i jeres verden. I så fald må I komme meget mere til mig. Del min verden med mig. Leg med mig, syng med mig, rør ved mig. Alt det rare, I kan finde på, som skaber forbindelser mellem vore verdener. Byg broer. En dag vil jeg bruge disse broer til at finde endnu mere vej til jer og til accept af jeres verden. En accept, der er ægte, fordi jeg ikke har opgivet eller fornægtet min egen verden.

Alt det gode, jeg er kommet her med, er forblevet intakt, eller mere korrekt, forblevet tilgængeligt for mig. Det kan nemlig aldrig ødelægges, kun fornægtes. Efterhånden som jeg vokser op, vil I se og erfare omfanget af den gave, I har modtaget gennem mig. Min indre rigdom er enorm. Jeg er i sandhed en vejviser. Stærk, stolt og opfyldt af mit formål. Jeg føler kærlighed og respekt overfor både min egen og den eksisterende verden. I mit indre rummer jeg dem begge, for verden har ikke skadet mig eller på anden vis vist sig som andet end en ven.

Min specielhed kan også være et udviklingsredskab, jeg har valgt for dette liv. Når man vokser op med et fysisk eller psykisk handicap, bliver man automatisk mere forstående over for andre med udfordringer. Specielheden bliver et redskab til at udvikle større følsomhed.

Måske er jeg ikke et barn født med handicaps, men blot et barn, som I oplever, har problematiske sider. Kuren er den samme. Elsk det, I ser, og gå så med mig.

Ingen af os her på denne klode er perfekte. Helt inderst inde, jo, men vores personlighed, nej. Vi er alle engle klædt ud som mennesker, og vores forklædning er ikke altid engleagtig. Det er fordi, vi har en udfordring med ikke at tro på vores tilsyneladende adskillelse fra hinanden. Vi kommer alle fra Enhed til en verden, der ser så fragmenteret ud, med kroppe, der synes at afgrænse os fra hinanden. Til tider glemmer vi, at vi er ét og kaster os ud i krig med hinanden. Vi har for en stund glemt, hvem vi er.

Det er helt i orden. Gennem vores fejltagelser vækkes vores ønske om harmoni og leder os på rette vej igen. Prøv endelig ikke på at være perfekte, kære forældre. Jeg vil hellere have, at I slapper af med jeres fejl og mangler. Og med mine. Gennem en tillidsfuld og afslappet holdning kommer vi hurtigt på sporet af os selv igen.

Hvis jeg skulle give jer et lille råd med på vejen, så ville det være at slappe lidt mere af med livet, ikke tage tingene så alvorligt, få lidt mere lethed, lidt mere sjov, lidt mere »nå, ja-følelse«. Vi har alle en skyggeside, en indre umulius. Den er ikke virkelig os, men snarere en slags hallucination, et øjebliks glemsel af vores sande natur. Giv den ikke for meget opmærksomhed. Den skal ikke løses og ikke forbedres, blot accepteres og dernæst ignoreres. At være på rette kurs i livet handler om altid at vende næsen mod lyset, altså ikke dvæle ved skyggesider og problemer, men fokusere på det ønske, der opstår i situationen, og på alt andet, der føles nærende, opløftende og rart.

Skolebarnet

Skolebarnet? Åh, skal vi nu til den igen? Jeg tror, jeg vil hviske den næste sætning til jer, så bliver I nok ikke så chokerede: Det er altså ikke sikkert, jeg kommer i nogen skolealder.

Er I der endnu? OK, der er noget, jeg bliver nødt til at prøve at forklare jer. Grunden til, at det ikke falder mig så nemt, er, at I har fortalt jer selv og hinanden endeløse historier om, hvor godt uddannelsessystemet er, og hvor vigtigt det er at lære noget, at blive til noget.

Luk så lige øjnene og tænk tilbage på jeres egen skoletid, eller rettere mærk den. Endeløse timer med stof, der skulle læres, fordi andre sagde til jer, at det var vigtigt; leg og sjov, der måtte udskydes, forår og herlige snevejrsdage, der blev forsømt.

Det var i disse år, I lærte at tage jer sammen, sammenligne jer med hinanden og øve jer i at præstere. I lærte at udskyde det, der kom indefra, til fordel for det, andre syntes skulle først.

Og nu kommer den rigtig barske. Jeg vil bede jer besøge to skoleklasser i en almindelig skole. En 1. klasse og en 9. klasse. I skal blot bede om at få lov til at være fluer på væggen. Det eneste, I dernæst skal gøre, er at se børnene i øjnene og så komme tilbage og fortælle mig om forskellen.

Orv, jeg kan se, I er begyndt at forstå. Det var tydeligt, ikke sandt? De fleste af de små børn havde glade og levende øjne. De stores øjne var mere eller mindre slukkede.

Kære, kære forældre: Det behøver ikke være sådan. Det er ikke nogen naturlov, at vores medfødte glæde siver ud af os med alderen. I har blot vænnet jer så meget til oplevelsen af aftagende glæde, aftagende vitalitet og aftagende helse, at I tror, det hører med til livet. Kæreste venner, det er alt sammen menneskeskabt.

Jeg ved, at I ønsker mig et trygt og lykkeligt liv. I ønsker, at jeg skal blive i stand til at tage vare på mig selv og senere i livet på min kommende families behov. I ønsker mig sikkerhed, og hvis I på nogen måde kunne købe en slags sikkerhedsgaranti på mine vegne, så havde I gjort det. I vil så gerne, at jeg skal kunne gå uskadt fra vugge til grav. Jeg forstår jeres intention, og jeg mærker jeres kærlighed, der når de højeste stjerner på himlen. I elsker mig så uendelig højt. Tak. Og i helt lige måde.

Nu kommer så den gladeste nyhed, I måske nogensinde vil få at høre. Jeres bøn er blevet hørt og imødekommet. Der findes en sikker måde, hvorpå jeg kan gå glad, sund og lykkelig gennem hele mit liv, indtil den dag, hvor jeg mæt af dage blidt lægger min krop fra mig og vender hjem til Paradis. Og nu skal jeg fortælle hvordan. Første del af den historie kender I allerede, anden del kommer i det følgende.

Der findes en skoleform, som vil nære og udvikle mig. Det er den eneste skoleform, som ikke indebærer nogen sundhedsmæssig risiko. Det er en skole, hvor jeg får lov at bevare og forfine min indrestyrede natur. Et sted, hvor al undervisning finder sted på mit initiativ, og hvor jeg selv vælger min eventuelle lærer, som lige såvel kan være et andet barn som en voksen. Et sted, hvor min leg bliver æret og respekteret og får al den plads, som jeg ønsker, den skal have. Hvor de idéer og den nysgerrighed efter viden, der vokser frem inde i mig, bliver støttet op om.

Det er en skole, hvor jeg er den eneste, der bedømmer og evaluerer mine egne præstationer. Når ingen andre skal vurdere mig, er hele min opmærksomhed naturligt rettet mod mit eget kreative indre. Og det, jeg skaber, bliver unikt. Det er sådan alle jordiske mesterværker er blevet til og sådan, alle store ideer og nytænkning er født: Gennem total og uforstyrret kommunikation med Kilden. Når børn får lov at skabe ud fra sig selv, skabes en verden med farver, mangfoldighed og glæde.

Ved I, at der indeni ethvert barn gemmer sig et geni? Middelmådige præstationer er altid resultatet af at forsøge at tilfredsstille andre

111

menneskers krav, ønsker og behov, frem for sine egne. Geniet derimod kan jeg kun folde ud gennem uforstyrret og vedvarende kontakt med mit eget indre.

Uanset hvad, der tænder mig, og uanset hvad, jeg brænder for, så kan I være sikre på, at det udvikler mig. Alt, hvad jeg har brug for, for at kunne klare og begå mig i verden, det opstår som behov indeni mig. Der er intet at være nervøs for. Jeg får måske ikke en basal viden om alt i denne verden, men den viden ville jeg hurtigt glemme alligevel, hvis den ikke havde min oprigtige interesse.

Det kan være, jeg elsker at synge og gennem min glade sang trækker andre interesserede elever til mig. Et kor kommer måske på benene, en lærer bliver efterlyst og fundet. Det kan være, at jeg er interesseret i at bygge huler i træerne og hen ad vejen indser mit behov for større håndværksmæssige færdigheder, måske noget matematisk forståelse. Det kan også være, jeg brænder efter at lære at læse og tager fat i hvem som helst, der kan indvie mig i læsningens mysterium. Store børn er tit fremragende og meget engagerede lærere for de mindre. I processen med at lære fra sig styrker de deres egne færdigheder.

Ved I, kære forældre, at det er min medfødte natur at være koncentreret og disciplineret? Det er ikke evner, der skal tillæres, men evner, der udvikler sig helt af sig selv, når lysten får lov til at drive værket. Bliver jeg bedt om at lære stof, jeg ikke selv har valgt eller ikke ønsker, bliver min naturlige klarhed langsomt sløvet, jeg bliver ukoncentreret, ligegyldig og doven. Man kan sige, at hvis mentalt stof skal fordøjes ordentligt, skal det indtages med glæde og med en følelse af meningsfuldhed.

Når jeg selv ønsker at lære noget nyt, er den nødvendige energi til formålet også til stede. Eller mere korrekt, der er et overflødighedshorn af energi til min rådighed. I kan se hvor ivrig og begejstret og vedholdende, jeg er. Utrættelig simpelthen. Jeg befinder mig i en strøm af energi, i et kæmpemæssigt energi-flow, som er det mest naturlige i verden, når jeg med hele mit væsen føler et kæmpestort »ja« indeni.

Når et barn af sig selv har erkendt sit behov for at lære noget bestemt, vil det føle mening og glæde ved at lære. Det var sådan, jeg lærte mig selv at tale. Prøv lige at tænke på omfanget af den bedrift, det er at lære at tale. Stort ikke? Og jeg var ikke ret gammel, vel? Mærk så efter dybt i jer selv. I har ikke den mindste lille grund til at tvivle på mig, min vilje, min lyst til at lære eller mine evner. I ved faktisk godt, at alt er, som det skal være, ikke sandt?

Er en skole, der bygger på sådan en livsindstilling, en urealistisk drøm i jeres nuværende samfund? Nej, på ingen måde. Der findes efterhånden mange skoler med præcis denne agenda, eller måske mere korrekt mangel på agenda. Sudbury Valley School i USA er et eksempel på en sådan skole. Den startede i 1960'erne og har siden været forbillede for mange andre skoler overalt på kloden, også i Danmark.

På Sudbury skolerne eksisterer et fællesskab baseret på ligeværdighed. Du er dig, og jeg er mig. Vi er forskellige på nogle områder og ens på andre, men vi er lige betydningsfulde. Det morsomme ved denne skoleform er, at fordi alle får lov til at være sig selv, er rummeligheden overfor andre mennesker også stor. Her er ingen ensretning, blot lutter frie mennesker, som finder trygheden til at være sig selv og trygheden i at være sig selv.

Alle, børn som voksne, gør det, de føler for og brænder for hele dagen igennem. Børnene får den gave at møde voksne, som har et ægte engagement, og som er glade og veloplagte, simpelthen fordi deres liv er sjovt. De voksne har ikke pligt til at putte lærdom i hovedet på børnene. Det er børnenes ansvar. På den måde bliver undervisning til en gave og et privilegium. De voksnes formål – udover selv at gøre det, de føler for – er at støtte op om børnenes ideer. Det kan for eksempel være ved at hjælpe dem med at finde en egnet lærer, egnede redskaber eller vejlede dem til selv at skaffe mere viden om et emne.

Børn udvikler hurtigt en indre modenhed af at bære ansvaret for deres eget liv. Det kan ind imellem være krævende at skulle bære sit eget liv, men det er intet imod den enorme og ofte frugtesløse anstrengelse, det er at prøve at bære ansvaret for andres liv.

Hjemmeskoling er et andet sundt alternativ, såfremt den foregår på mine præmisser. Det vigtigste er ikke formen, men graden af frihed og kærlighed. Frihed, så jeg kan folde mig ud som den person, jeg nu engang er, og kærlige omgivelser der favner og værdsætter mig som et nyt og unikt menneske, der gradvist er ved at finde sin helt egen plads i tilværelsen.

Man kan sammenligne processen med den måde, Vorherre åbner sine blomster på. Blomsten har brug for, at omgivelserne giver den plads og næring. Resten er en proces, som sker ud fra en indre drivkraft. Man behøver ikke trække i stænglen for at gøre den længere, og man har heller ikke held med at forsøge at folde kronbladene ud for blomsten. Den gør det selv, og den ved bedst selv. Alle forsøg på at gøre blomstens arbejde er kontraproduktive. Alt, der skal til, er plads og næring. Frihed og kærlighed. Og tro mig, kære forældre: Vorherre folder også børnene ud. Den indre drivkraft er plantet i alt levende, og med de rette betingelser bliver resultatet altid smukt.

Den harmoniske pubertet

Teenagealderen er den tid, hvor en vidunderlig ro sænker sig over mig koblet med modenhed, erfaring og energi til at handle i livet. Jeg har nu haft mine barndomsår til at lege med tingene og smage på livets mange forskellige tilbud. Jeg er blevet klog på, hvem jeg er, og hvad jeg kan lide. Nu er det tid til at udforske kærlighedslivet.

I kan mærke min parathed til i endnu højere grad at tage vare på mit eget liv. Jeg udstråler viljestyrke, selvtillid og overstrømmende glæde og overskud. Det her er mit liv, og jeg kan, jeg vil, og jeg tør.

Jeg har lært jer to at kende, kære forældre, som to mennesker, der respekterer mig, ærer mig og støtter mig i at være mig selv. Min tillid til jer er enorm.

Min følelse af dybt og varigt venskab er en uvurderlig skat i mit indre. Vores venskab, uhmm, sikke et dejligt ord. Vores venskab har gennem årene vokset sig dybere og større og stærkere. Jeg har altid følt, at I har gået ad livets vej ved siden af mig, sommetider bag mig, men aldrig foran. Jeg lytter til jeres ord med stor respekt og nysgerrighed, fordi jeg helt ind i sjælen føler, I er på min side, at I vil mig det allerbedste. Jeg tager med taknemmelighed imod jeres livserfaring, smager på jeres gode råd og træffer dernæst med vanlig sikkerhed mine egne valg.

Tak for jeres tillid til mig. I har givet mig en gave så stor, at ord ikke kan beskrive den, og jeg er klar til at gengælde den. Jeg er blevet stor og stærk og er altid klar til med venlige ord og et åbent hjerte at bakke jer op på jeres livsvej. Jeg er blevet til en støtte og ressource i jeres liv.

Min krop ændrer sig dramatisk fra et barns krop til en voksens. Kønshormonerne skyller igennem mig som en vældig og pragtfuld flod. Det er en stor energi, som jeg ikke har været parat til før nu, fordi jeg ikke har haft retning på mit liv. Jeg er klar til den energi nu, fordi jeg har indre sikkerhed og ved, hvordan jeg vil bruge den nye, store energi.

Min interesse for det modsatte køn fylder en stor del af mit liv i disse år. Jeg er ved at lære min seksualitet at kende og tænker meget på både sex og kærlighed. Giv mig plads til ikke at have andet i hovedet nogle år. Det er så vigtigt at få tid og plads til at mærke alting igennem og til at eksperimentere med denne del af livet. Når jeg vænner mig til min voksne krop, bliver der atter plads til masser af andre ting i mit liv. Og når min seksualitet har fået lov at blive en rolig, integreret del af mit sansende væsen, er jeg i den grad blevet et helstøbt og urokkeligt væsen. Et menneske med begge ben solidt plantet på jorden og i sig selv. Et menneske, hvis gerninger altid vil være i pagt med kærligheden.

Jeg bevæger mig igennem min seksuelle opvågnen med glæde, lethed, nysgerrighed og ærefrygt. Mit hjerte er så åbent og modtageligt. Det er vidunderlige følelser af tiltrækning, forelskelse og kærlighed, jeg erfarer i denne tid. Uden unødig indblanding er alt, hvad jeg foretager mig, præget af den blødhed og uskyld, jeg kommer her med.

Sex, i sin rene, naturlige form, er respektfuld, kærlig og god. Den åbner for energiportaler til den himmelske verden og hjælper mig til i endnu højere grad at mærke, hvem jeg er, og hvad jeg er kommet her for. Puberteten er en tid, hvor jeg udforsker sex og kærlighed for at blive klog på, hvad der er godt, nærende og rart for mig i intime forhold.

Ved at støtte mig i min egen evne til at finde vej, finder jeg vejen. Og ved I hvad, det betyder? Det betyder, at jeg bliver i stand til at finde mig en partner, som vil være til himmelsk og usigelig fryd og fornøjelse at følges med og engang stifte familie med. Den rigtige partner er himmelens gave til den, der har fundet sig selv og lever sit eget lys. To halve mennesker kan aldrig give en hel, men to hele giver hinanden den største gave, som tænkes kan.

I sammensmeltningen med min livspartner genskaber jeg en dag Paradis på jorden. I den sammensmeltning, sex og kærlighed i samme cocktail, forenes det himmelske og det jordiske. Menneskene jubler, englene jubler og alle fælder en lille tåre over, hvor enkelt og lyksaligt dette liv er.

Jeg vil slutte historien nu, for jeg er ikke længere jeres ansvar. I har givet mig det bedste, I havde i jer, og jeg er klar til at tage over. Måske vil vore fysiske liv skilles inden længe, men i hjerterne vil vore liv altid være forbundne. Jeg har elsket jer altid. Jeg vil elske jer altid.

Efterskrift: Visionen

I spørger måske jer selv, hvilket slags menneske, der bliver ud af sådan én som mig? Et lille væsen, der får lov til at vokse op i fuld tillid til det guld, der er i dets indre. Ustyret og utæmmet, som jeg er, er det på mange måder fuldstændig uforudsigeligt, hvad jeg udvikler mig til. På andre måder er det aldeles forudsigeligt.

Jeg kan fortælle jer, hvad jeg ved om min fremtidige personlighed. Jeg bliver en person, som i meget høj grad er i stand til at høre englenes hvisken, for det er det samme som at høre sin indre stemme. Den stemme fortæller altid om det højeste bedste for alle gennem det højeste bedste for mig. Det er nemlig sådan, at når jeg følger det spor, der giver mig den største glæde, så er det også til størst mulig glæde for alle andre.

Jeg bliver en person, der på grund af min glæde er fyldt med overskud, lyst og vilje til at være til gavn for helheden.

Fordi I har været nænsomme overfor mit væsen, bliver jeg også en blid, nænsom og venlig person. Fordi jeg aldrig er blevet mast og mokket på plads for at passe til et eller andet system, føler jeg heller ikke nogen trang til at mase med andre. Jeg er tryg og rolig, når andre folder deres meninger ud, fordi jeg er tryg og rolig ved mine egne meninger. Jeg er i høj grad i stand til at give andre fri til at være dem, de nu engang er.

På alle måder er jeg en aldeles harmløs person. Jeg er i fuld samklang med min indre natur og derfor også med den ydre. Det er en naturlighed for mig at se værdien i alt levende og derfor naturligt for mig at værne om det. Selv den mindste lille regnorm kan føle sig tryg ved mig. Jeg nyder, sanser, elsker og begejstres over træerne, jorden, frugterne, vinden i håret, vandet mod huden.

Men jeg er på ingen måde en dørmåtte. Jeg følger mine egne mål uden samvittighedskvaler og oplever mig selv som et uundværligt og unikt bidrag til helheden. Jeg opfatter alle andre på samme måde. Det er så naturligt for mig at føle mig værdifuld, at ingen andre tanker krydser mit sind.

Jeg er kreativ og original. Min kreative energi flyder frit og uhindret igennem mig. Jeg følger den let og ubesværet og ved præcis, hvornår det er tid til at hvile og hvor længe.

Jeg er en person uden mange spørgsmål, fordi mit liv føles så meningsfuldt, sjovt og spændende. Der, hvor andre kan have en tendens til at opfatte problemer, ser jeg blot en spændende forhindringsbane, som bliver en kilde til kreativ nyskabelse og glæde for mig. Min opvækst har været et spændende og farverigt eventyr, og fuld af tillid til mig selv er det sådan, resten af mit liv former sig.

Min lystfølelse er hellig for mig. Fordi jeg altid har fået lov til at følge den, er den en integreret del af min personlighed. Jeg ærer den, respekterer den og følger den med kærlighed og glæde. Når min lystfølelse får seksuel karakter, er mit hjerte altid med. Det betyder, at jeg kun er i stand til at have sex med en person, som jeg elsker.

Mit frie liv har gjort mig fantastisk klog på mig selv. Det med at havne på den rette hylde i tilværelsen er en selvfølge for mig. Jeg er altid på rette sted til den rette tid. Mange vil beskrive mig som en person med en ufattelig god intuition. Og det er rigtigt. Hvad de måske ikke ved er, at alle mennesker er født med en ufattelig god intuition. Forskellen er, at jeg ikke har været nødt til at lukke ned for min.

Jeg er en person, som ikke kan manipuleres med. Jeg er ikke til salg for hverken penge eller medaljer, og det betyder ingenting for mig, hvad andre tænker og mener om mig. Jeg bærer anerkendelsen af mig i mit indre. Urokkeligt. Derfor kan jeg til tider opleves som uforudsigelig. Måske stod jeg til forfremmelse på mit arbejde og drejede så lige pludselig i en helt anden retning. Men sikkert er det, at min intuition og min store kærlighed til alt levende gør, at jeg altid befinder mig der, hvor jeg er til mest gavn for helheden.

Mit hjerte er stort, varmt og åbent. Jeg møder andre med en favnende indstilling. Jeg er selv blevet rummet og accepteret med alt, hvad jeg er, så det er en selvfølge for mig at give andre samme gave. Jeg vil naturligt søge hen mod mennesker, der også er åbne overfor mig. Følelsen og oplevelsen af andre mennesker vil være min guide i valget af partner og venner. Hvordan deres kroppe, deres hjem eller deres jobs ser ud er uden betydning for mig overhovedet.

Når andre gør ting, jeg ikke bifalder, opfatter jeg dem aldrig som onde. Deres grundlæggende uskyld er en selvfølge for mig, fordi jeg aldrig har haft grund til at tvivle på min egen uskyld. Jeg ser dem som mennesker, der ikke ved besked, mennesker der er faret vild for en tid. Jeg kan være sammen med dem uden at fordømme dem og er i stand til at stille nysgerrige, åbne og kærlige spørgsmål til deres adfærd. På den måde bliver jeg en fantastisk ressource, som andre kan bruge til bedre at finde deres egen vej gennem livet.

Mit helbred er ikke et tema for mig overhovedet. Jeg er uden indre konflikt og min krop afspejler min harmoni og mit velvære. Jeg lytter til de følelser, jeg mærker i min krop og navigerer efter dem. Mine følelser fortæller mig altid helt klart og tydeligt, hvad jeg tænker og mener om alting. Tanker og meninger, som jeg ubesværet reviderer efter behov. Det er naturligt for mig at søge efter tanker, der giver mig glade følelser. Derfor er jeg et positivt og livsbekræftende menneske, som altid får det bedste ud af enhver situation.

Min krop er også en kilde til stor sansemæssig nydelse. Jeg er som få i stand til at se, høre, smage, lugte og føle denne klodes uendelige rigdom. Igen er det fordi, jeg er så åben overfor alt, der kommer indefra mig selv.

Smil og latter og morsomme indfald er rundhåndet strøet ud på min vej. Jeg elsker at have det sjovt og elsker at le og elsker at få andre til at grine. Jeg er en sand mester i at få øje på det komiske og morsomme i tilværelsen. Uhøjtidelig, afslappet og humoristisk. Evner, der altid kommer mig til hjælp, når en situation synes vanskelig.

Gennem min opvækst og frie skolegang er jeg vant til, at andre støtter op om mine ønsker og idéer, så jeg forventer, at livet giver mig en hånd i vanskelige tider. Og tænk, det gør det. På mange måder er mit liv et magisk eventyr. Det er utroligt, som jeg altid får, hvad jeg peger på.

Jeg ser, at ikke alle har det lige så let i livet som jeg selv, og det er måske nok det sværeste tema i mit liv. Jeg vil så gerne, at alle skal være lige så lette om hjertet og lykkelige som jeg selv. Gennem mit liv vil jeg på forskellig vis nyde at få lov at inspirere andre til en lettere vej. Det falder mig naturligt at give en hånd alle steder, jeg kan, for det er en naturlov, at overskud flyder over og beriger omgivelserne.

Jeg ser, at menneskeheden har brug for sådan nogle som mig. Mennesket har skabt mange problemer for sig selv på grund af tendensen til at opfatte andre mennesker som konkurrenter. Fordi I to, kære forældre, altid har været mine venner, er jeg fuld af tillid til det gode i alle andre, der krydser min vej. Og jeg er, som få, i stand til at vække det gode i dem. Jeg er en person med en formidabel evne til at samarbejde med andre om løsninger, der holder. Jeg føler mig som en del af helheden og giver det højeste og bedste, jeg har i mig i enhver situation.

Prøv at forestille jer en klode, hvor alle handler ud fra kærlighed til helheden. Hvor alle giver det bedste og det smukkeste, de har i deres indre for at gavne helheden mest muligt. Jeg ser for mig, hvor utroligt smukt, levende og lykkeligt her vil blive.

»Vores dybeste frygt er ikke, at vi er utilstrækkelige.
Vores dybeste frygt er, at vi er grænseløst magtfulde.

Det er vores lys og ikke vores mørke, som allermest
skræmmer os. Vi spørger os selv: Hvordan kan jeg
være begavet, strålende, talentfuld og fabelagtig?

Hvordan kan du i virkeligheden ikke være det?
Du er et barn af Gud. At du spiller lille, tjener ikke
verden. Der er ikke noget oplyst ved at krympe, så
andre mennesker ikke føler sig usikre i dit selskab.

Det er meningen, at vi alle skal lyse, som børn gør.
Vi blev født for at manifestere Guds herlighed,
som er inden i os. Den er ikke bare i nogle af os.
Den er i alle. Og ved at lade vores eget lys skinne,
giver vi ubevidst andre mennesker
tilladelse til at gøre det samme.

Når vi frigøres fra vores egen frygt, vil vores
tilstedeværelse automatisk frigøre andre«

Fra »Kærlighedens mirakel«
af Marianne Williamson.

Tak

Allerførst og fra bunden af mit hjerte en kæmpestor tak til min allerbedste ven og følgesvend i livet, min elskede mand, Anders. Tak fordi du altid har forstået og mærket alting, tak for din trofaste støtte, din inspiration og dit mod til at træde nye stier.

Jeg er i evighed taknemmelig over vores eventyrlige liv. Sammen har vi hentet stjernerne ned.

Tak til mine utrættelige små lærermestre, uden hvem denne bog ikke var blevet, mine to kære børn, Marcus og Nicklas. I har bare altid været de klogeste, ikke sandt? Jeg er ved at lære det.

Tusind tak til dig, søde mor, for din kærlige opbakning og enestående tolerance. Jeg har haft en barndom med rigtig meget plads til at være mig selv, og jeg har fået lov til at have min egen mening om tingene.

Tak til min svoger Christian. Igennem et par år var du en del af vores lille familie. Med hele dit liv som indsats kastede du dig ud i at føle og mærke dig selv og vandt dit helbred tilbage og fik lykken og prinsessen i tilgift. Tak for din tillid til os, for din kærlighed og for dit store mod. Du har beriget vores liv for altid, og dit venskab er uendeligt værdsat.

Tak til mine kære venner, Mette og Gert, Lone og Lars. I har været til stor inspiration. Jeres børn har virkelig fået lov til at smelte og åbne jeres hjerter. Det er en meget stor gave til dem, til jer og til alle os, der har været så heldige at kigge med.

Tak til mine første to lærermestre, Nehemias Tavares og Bjarne J. Kinsella, for jeres store indsigt i krop, sind og ånd-sammenhænge. Jeres visdom, undervisning og behandlinger lagde fundamentet for min forståelse.

Tak til alle de gæve og modige folk på Næstved Fri Skole. Jeres vilje til at holde fast i en sund skole er imponerende. Vi er bare så glade for, at I er der.

Tak til Daniel Greenberg for initiativet til den første Sudburyskole og for den indsigtsfulde bog: Endelig fri.

Tak til Barry og Samahria Kaufman for jeres banebrydende arbejde. Jeres ubetingede kærlighed omsat til håndgribelige værktøjer helbredte først jeres lille autistiske søn og har senere helbredt tusindvis af andre specielle børn. Værktøjer, vi alle kan bruge til et rigere og kærligere liv.

Tak også til SAMFO, en lille politisk forening med et stort budskab og hjertet på rette sted. Tak fordi I taler de smås sag.

Til jer, der læste mit manuskript igennem: Lars, Lone, Christian, Mette, Lotte og Niels: Tak for jeres indsigtsfulde og konstruktive tilbagemeldinger.

Og af hjertet tak til mange, mange flere, som har krydset min vej. I er mange, der har inspireret og næret mig, og jeg er dybt taknemmelig.

Appendiks 1:
Om forfatteren

Jeg er født i 1967 som ældste barn ud af en søskendeflok på tre. Min far døde, da jeg var knap fire år, hvorefter vi børn var alene med vores mor resten af vores opvækst.

Få år efter min fars død begyndte jeg at lide af hovedpine, migræne og allergi, som blev værre med årerne. Jeg kunne ikke tro, det var meningen, at jeg skulle leve med så megen smerte, så tidligt blev jeg sporet ind på mit livs store mysterium: At opklare hvad, der var galt med mig.

Detektivarbejdet førte til en utrolig masse forskellige fysiske behandlingsformer. Ingen hjalp. Så kom de behandlingsformer, der beskæftiger sig med følelseslivet. Og nu begyndte en generel bedring at indfinde sig. En bedring, der er fortsat, jo mere jeg er kommet i kontakt med min kerne, indtil tiden for denne bog, hvor jeg har det fantastisk og har haft det fantastisk i mere end 10 år.

Sidegevinsterne af dette omfangsrige detektivarbejde har blandt andet været et vidunderligt og berigende kærlighedsliv; varme, nære forhold til mine børn og venner, og en vedvarende følelse af glæde og meningsfuldhed i livet.

Jeg, der engang var et alt for sart og følsomt barn, er blevet glad og tryg ved livet. Jeg, der engang var overbevist om, at jeg var et hittebarn, og som senere i livet tænkte, at jeg måtte være havnet på den forkerte planet, føler mig nu hjemme i mig selv og på planeten Jorden. Her er blevet såre godt at være. I virkeligheden har livet altid været såre godt – jeg er blot nået til selv at erfare denne sandhed.

Jeg er ikke altid i perfekt balance. Måske bliver det aldrig sådan. Men det betyder mindre, for jeg er altid i stand til at vende næsen den rigtige vej og genfinde balancen. Min evne til at navigere i livet bliver hele tiden mere forfinet, og jeg har stadig følelsen af at lære nyt om livet og mig selv. Den store forskel fra tidligere i mit liv er, at jeg nu lærer af nysgerrighed og lyst. Og fordi det er skønt at erfare, at livet altid kan blive endnu dejligere. Det stopper aldrig. Der er ikke nogen ende på herlighederne. Før var jeg nødt til at lære, fordi det gjorde ondt.

Mine nære forhold fungerer heller ikke altid perfekt. I min lille familie kan vi indimellem godt blive trætte af hinanden, sure og beklagesyge. Heldigvis er vi alle så vant til en god stemning, at ingen kan holde negativitet ud ret længe af gangen.

Vi kan også godt blive sløje og forkølede. Men det er altid en stor hjælp at vide, at årsagen findes i vores emotionelle balance. Det betyder, at enhver lille snotnæse bliver til en gave på vores vej – en vejviser til et endnu friere og lykkeligere liv.

Undervejs er det blevet til en uddannelse som fysioterapeut, to kropspsykoterapeutiske uddannelser og en som fuldtidsmor. Den sidste afgjort både den mest krævende og udbytterige.

Jeg har haft egen klinik to gange og har i 2006 åbnet et kursuscenter med undervisning i Livsforståelse. Det er mit ønske og livsformål at udbrede kendskabet til menneskets sande og oprindelige natur. Jeg ved, at det er muligt for alle mennesker på denne jord at have det fantastisk. Og det er mit ønske at være med til at værne om alle de små, nye mennesker, der kommer til, så deres glæde og visdom bliver vores allesammens virkelighed.

Du kan læse mere om mig og det, jeg laver, på min hjemmeside: www.livingthevision.net.

Appendiks 2:
Barnets ni tricks

Trick nummer 1: Husk, at der ligger gode intentioner bag al adfærd. Dårlig adfærd handler kun om, at mål og midler ikke er i overensstemmelse med hinanden.

Trick nummer 2: Se uvidenheden i dårlig adfærd frem for ondskab.

Trick nummer 3: Husk, at al dårlig adfærd er en bøn om kærlighed.

Trick nummer 4: Alt, hvad du oplever, er et spejlbillede af indholdet i dit eget sind. Er der temaer hos andre, der bliver ved med at genere, så led efter det samme tema i din egen psyke. Overvej også, om det repræsenterer noget, du tager kraftigt afstand fra og som derfor dukker op i dit liv for at blive forstået, accepteret og elsket.

Trick nummer 5: Opfat negativ adfærd i andre som et fatamorgana eller slør for virkeligheden og øv dig i ikke at give det opmærksomhed.

Trick nummer 6: Opfat din opmærksomhed som

gødning. Spørg dig selv: Hvad gøder jeg lige nu?

Trick nummer 7: Vær bevidst på udkig efter kvaliteter i dig selv og andre, som giver en opløftet sindstilstand.

Trick nummer 8: Se lys i andre. Se, at det guddommelige i dem skinner og stråler.

Trick nummer 9: Se verden med barnets øjne.

Appendiks 3:
Mere inspiration

Her finder du henvisninger til de kilder, der er nævnt rundt om i teksten, sammen med andre, som også er noget af det bedste, jeg er stødt på.

Musikforslagene er fantastiske til gravide og helt små børn.

Bøger:

- Daniel Greenberg: **Endelig Fri.** Oversat til dansk af Tove Hartelius og udgivet på Frydenlunds Forlag (1998).
  En dejlig bog om den første Sudbury-skole.

- Næstved Fri Skole: **Frie børn lærer bedst - Bogen om Næstved Fri Skole i 10 år.** Udgivet på Books on Demand (2008).
  En bog, der viser, at en skole med frie børn også kan eksistere i Danmark.

- Barry Niel Kaufman: **Lykken er et valg,** udgivet på dansk af Borgens Forlag (1999).
  En bog, der sammenfatter familien Kauf-

mans arbejde og indsigter. Om nuets muligheder for at vælge et lykkeligt liv.

- Barry Niel Kaufman: **To love is to be happy with** (ikke oversat til dansk, udgivet af Fawcett, 1985).
En meget værdifuld bog til at forstå baggrunden for negativ tænkning og til at frigøre sig fra den.

- Barry Neil Kaufman: **Sonrise: The Micracle Continues** (ikke oversat til dansk, udgivet af HJ Kramer, 1995). Bogen handler om helbredelsen af Kaufmans autistiske søn, Raun.
Raun er i dag direktør på The Option Institute. Det er en varm og rørende bog om to forældre, der nægtede at tro på begrænsninger. Og om en lille dreng med et stort budskab.

- Barry Neil Kaufman: **A Miracle to believe in** (ikke oversat til dansk, udgivet af Fawcett, 1982).
Bogen handler om helbredelsen af den autistiske mexikanske dreng, Robertito. En bog, der for altid vil bo i ens hjerte.

- Ole Schouenborg: **Velfærdsyngel**, udgivet af Fremad, 2001.
En klog, visionær og tankevækkende bog

om den pris, børnene betaler i velfærdssamfundet.

- Ilse B. Johannesen og Ulrika Åberg: **Budskaber fra Ærkeenglene**.
Kort med skønne og indsigtsfulde engletekster. Læs mere på www.dengyldnesol.dk.

- Helen Schucman: **Et Kursus i Mirakler**, udgivet på dansk af SphinX (2001).
Et storslået værk, der helbreder sindet. Kurset varer mindst et år og er en omfattende træning i guddommelig opfattelse.

- Marianne Williamson: **Kærlighedens Mirakel**, udgivet på dansk af Borgen (1993).
En perlerække af jordnære og letforståelige indsigter og samtidig en rigtig god introduktion til Et Kursus i Mirakler.

- Arvin Larsen: **Livets Hormoner,** udgivet på Holistisk forlag (2001).
Bogen er en grundig, men letforståelig videnskabelig beskrivelse af sindets og kroppens indbyrdes forbundethed. En bog med stor indsigt.

- Esther og Jerry Hicks: **Find din indre kilde**, udgivet på Aschehoug (2006).
En bog med mange indsigter og redska-

ber til at leve lettere og lykkeligere og til at skabe sit liv bevidst.

- Matti Bergstrøm: **Barnet – den sidste slave**, udgivet på Munksgaard (1992). Bogen beskriver blandt andet den skade, der sker på barnets hjerne ved at påtvinge det indlæring.

- Guylaine Lanctot: **The Medical Mafia** (ikke oversat til dansk, udgivet på Here's The Key Inc., 1995). Bogen handler blandt andet om vacciner og vaccineskader.

Musik:

- Tony O'connor: **Music for Mother & Child** (Studio Horizon, 1999).

- Aeoliah: **Angel Love for Children** (Oreade Music, 1992).

- Shaina Noel: **Songs for the Inner Child** (Singing Heart Productions, 1992).

- Björn Melander: **Hjärtats Rytm** (Theta Förlag, 1996). Musik i hjertets rytme. Halvdelen af CD'en er optaget hjertelyd.

- Björn Melander: **Delfinernes Sång** (Theta

Förlag, 1996). Halvdelen af CD'en er delfinlyde, som også virker beroligende på fostre og spædbørn.

- Chitta: **Natures Way** (Fønix Musik, 1995).

Ildsjæle:

- **Næstved Fri Skole**: En friskole med hjerte og hjerne. Læs mere på www.naestved-fri-skole.dk.

- **SAMFO**:   Småbørnsfamilie-foreningen. Læs mere på www.samfo.dk.

- **The Option Institute**: Barry og Samahria Kaufmans internationale center for undervisning i kærlig omsorg for specielle børn og selvudvikling. Læs mere på www.option.org.

- **The Teachings of Abraham**: Abraham er en gruppe åndelige vejledere, der taler gennem mediet Esther Hicks. Flere bøger er oversat til dansk. De laver desuden CD`er, optaget på deres work-shops, som er fantastiske at lytte til. Læs mere på www.abraham-hicks.com.

www.ingramcontent.com/pod-product-compliance
Lightning Source LLC
Chambersburg PA
CBHW070945230426
43666CB00011B/2568